COMO ADMINISTRAR COM A
SABEDORIA DO AMOR

REVELANDO A VIRTUDE NAS
PESSOAS E NAS ORGANIZAÇÕES

DOROTHY MARCIC

COMO ADMINISTRAR COM A SABEDORIA DO AMOR

REVELANDO A VIRTUDE NAS
PESSOAS E NAS ORGANIZAÇÕES

Tradução
MARCUS ROGÉRIO TAVARES
SAMPAIO SALGADO

EDITORA CULTRIX
São Paulo

Título do original:
Managing with the Wisdom of Love
Uncovering Virtue in People and Organizations

Copyright © 1997 Jossey-Bass Inc., Publishers.

Todos os direitos reservados.
Tradução autorizada da edição em inglês publicada por Jossey-Bass Inc., Publishers. Nenhuma parte deste livro pode ser reproduzida ou usada de qualquer forma ou por qualquer meio, eletrônico ou mecânico, inclusive fotocópias, gravações ou sistema de armazenamento em banco de dados, sem permissão por escrito dos Editores.

Edição	Ano
1-2-3-4-5-6-7-8-9	99-00-01-02-03

Direitos de tradução para a língua portuguesa
adquiridos com exclusividade pela
EDITORA CULTRIX LTDA.
Rua Dr. Mário Vicente, 374 — 04270-000 — São Paulo, SP
Fone: 272-1399 — Fax: 272-4770
E-mail: pensamento@snet.com.br
http://www.pensamento-cultrix.com.br
que se reserva a propriedade literária desta tradução.
Impresso em nossas oficinas gráficas.

Sumário

Prefácio   9

Prelúdio: Uma Justificativa para o Amor   17

1. A Espiritualidade no Ambiente de Trabalho   29
2. Indo em Busca do Equilíbrio   41
3. O Amor e as Virtudes da Nova Administração   63
4. As Virtudes da Nova Administração em Ação   109
5. Agindo com a Sabedoria do Amor   135

Apêndice   155

Notas   157

Referências Bibliográficas   163

A Autora   171

Para Raymond, cujo amor tem sido o meu guia
Para Margaret Clayton, sempre firme, e cuja dignidade
ergue-se acima de qualquer tempestade ou tumulto
Para William Sears, cuja alegria de viver
ensinou-me que Deus ama o riso

Em memória de Jeffrey Mondschein
1952-1996

Prefácio

Como consultora de negócios e professora por mais de vinte anos, tenho lutado para encontrar sentido em complexos e perturbadores problemas organizacionais e crises, muitos dos quais pareciam contrários à transformação. Muitos destes vinte anos foram dedicados à tentativa de entender por que nossas organizações não funcionam melhor.

O que tenho visto com freqüência são administradores bem-intencionados e empregados que acabam furiosos, ofendidos, desapontados e desmotivados. É como uma tragédia grega, na qual ninguém é ruim, mas algumas "falhas fatais" de caráter, de personalidade ou de estilo ocasionam uma queda quase inevitável. Pelo fato de que se pode aprender pouco com esses infortúnios, eles se tornam mais trágicos. Ninguém entende o que aconteceu nem aprende como prevenir resultados semelhantes no futuro. Tenho percebido que esses problemas atordoantes têm por raiz (pelo menos parcialmente) a falta de consciência da lei espiritual e sua importância para o ambiente de trabalho.

As sementes da minha consciência, sempre em crescimento em relação a essa lei, foram plantadas há quase três décadas. Até o segundo semestre da faculdade, eu não havia escolhido a física. Eu a havia evitado no colegial, em parte por ter me graduado um ano antes e também porque todos os meus amigos diziam que era difícil demais e, de qualquer modo, uma matéria inútil. Mas, por ser requisito para a Universidade de Wisconsin, finalmente matriculei-me num curso de física, e quase fui reprovada nos exames do primeiro semestre. Meus amigos estavam certos, pensei. É difícil e estúpido.

Mas então algo aconteceu. Comecei a captar tudo aquilo. A magia das leis do universo fez sentido para mim. Tudo era fascinante, divertido e cativante. Eu estava apaixonada. Pela primeira vez em minha vida, eu estava totalmente envolvida com um assunto e apaixonada por ele.

Então, fiquei furiosa com todas as pessoas que me haviam feito evitar esse novo mundo. Como poderiam estar tão enganadas? Como pude ser enganada? Como pude acreditar tão facilmente nelas? Aborreci-me também com meus professores de matemática. Por que não tinham me dito que há motivos importantes para aprender equações? Estudar física mudou a minha vida. Eu nunca mais fui a mesma. Os mistérios do mundo ao meu redor começaram a assumir aspectos surpreendentes. O que era invisível tornou-se claro. Finalmente, entendi o que era a gravidade, por que uma bola perfaz um arco quando você a arremessa, o que ocorre com a massa e a velocidade. O fato de não ter entendido essas leis antes, e até de ter evitado compreendê-las, não as tornava inoperantes para mim. Eu estava sujeita a elas, como os demais. Quer eu conhecesse ou não esses princípios, não poderia lançar uma bola de beisebol mais rapidamente do que as leis da física permitem.

Quase na mesma época em que descobri a física, também dei início a uma busca espiritual que continua até hoje. E, como a física, essa viagem espiritual transformou minha vida de várias maneiras. Por exemplo: uma coisa que aprendi nesta jornada, e que é semelhante aos meus primeiros vislumbres na física, é que vivemos num mundo governado pela lei – nesse caso, a lei espiritual – freqüentemente apresentada na forma de preceitos ou ordens, como "Tu deves ser honesto", "Tu deves tratar os outros com dignidade" e "Tu deves viver em justiça". Quebrar a lei espiritual, seja nos negócios ou não, traz certos resultados previsíveis.

Uma vez mais, estou descobrindo um caminho que outros podem considerar inútil, irrelevante ou difícil demais. Se esses vislumbres são mais animadores que os meus primeiros em física, em última análise, também são práticos e aplicáveis. Esse caminho mostrou-me a importância da lei espiritual e sua relação com a virtude e o amor, e este livro trata desses três pontos.[1]

Escrevi este livro para administradores que estão tentando entender por que seus programas planejados de forma elaborada não funcionam, por que o moral é pouco ou não existe, ou por que a motivação do trabalhador não é o que deveria ser, e para todos aqueles que compreendem que fórmulas científicas e soluções materialistas não são a resposta completa para problemas organizacionais. Minha esperança é a de que, juntos, possamos procurar, além de nossas deficiências, entender o que podemos ser e o tipo de organizações que podemos criar.

Sumário

No prelúdio, analiso a natureza do amor e da espiritualidade. O primeiro capítulo mostra a necessidade de amor no ambiente de trabalho. Por ser importante o equilíbrio entre o amor e as dimensões físicas e intelectuais de uma organização, um modelo de organização na forma de árvore é explicado no Capítulo 2. O Capítulo 3 descreve as virtudes da nova administração, que tem origem na lei espiritual e que muitas empresas já estão praticando. Várias empresas que usam essas novas qualidades são examinadas no Capítulo 4. Finalmente, o Capítulo 5 oferece sugestões de como tornar realidade a espiritualidade e as virtudes da nova administração no ambiente de trabalho.

Agradecimentos

Escrever este livro foi um trabalho de amor – vindo não apenas *de* mim, mas também *para* mim, por meio de várias pessoas cujo amor e ajuda foram preciosos. Primeiro, eu gostaria de agradecer a Herman Poort, que trabalhou como meu assistente neste livro por mais de um ano. Ele me ajudou nas pesquisas, na obtenção de tipos de autorização, na revisão e ainda com grandes idéias. Sem a ajuda de Herman, eu não teria ido tão longe no tempo que eu tinha para escrever. Outras pessoas que ajudaram muito com seu apoio intelectual, espiritual, material e emocional foram Farhad Fozdar (cuja generosidade foi uma bênção), Peter Vaill (que me desafiou e encorajou em muitas fases), Stephen e Nadjla Birkland (cujas preces e idéias foram consideradas), Michal Cakrt (meu colega bem próximo durante quatro anos na República Tcheca), Petr Trmac (cuja incansável pesquisa bibliográfica foi imensamente útil), Roman Bohacek, Patricia Hampl (minha amiga e colega de Minnesota e, depois, em Praga), Pauline Barnes, Joe Mestenhauser, Wendy Momen (cujo entusiasmo sem limites serviu de inspiração para mim), Farhad Pimoradi, Rose Presser, Marketa Glancova, Jan Orlik, Susan Herman, Serge Thill, Greg Dahl, Mark Kriger, Becky Buckosh, Lisa Rosenblate, Ezzat Zahrai, Venus Ferdowski, Howie Schwartz e Ernie Kurtz. Os reitores para os quais trabalhei enquanto escrevia este livro foram Bill Pendergast e Josephine Olson, que me deram amplo apoio. Quero agradecer aos administradores do programa de bolsas da Fulbright na República Tcheca e em Washington, incluindo Vaclav Aschenbrenner, Hanna Ripkova, Marilyn Wyatt, Leslie High e, especialmente, o embaixador Adrian Basora, que ajudou para que minha luz brilhasse. Muito deste livro foi escrito durante os três anos que passei como bolsista em Praga. Diane Casbolt Garga deu-me idéias continuamente, enquanto Dick Bauman contribuiu com pontos de vista interessantes sobre autoridade. Sou grata também a Jeffrey Mondschein, por guiar-me em direção à ServiceMaster, e a George Starcher, que me ofereceu tantos recursos e pôs à minha disposição sua incrível rede na Europa e nos Estados Unidos. E eu não poderia ter completado este projeto da maneira desejada sem a ajuda e generosidade de Susan Maneck, Vahid Behmardi e Moojan Momen, especialistas de grande renome no campo religioso, que comigo partilharam idéias, respostas e escrituras.

Durante o tempo em que este livro estava sendo escrito, vários amigos queridos morreram. Todos eles tocaram minha vida de alguma forma, oferecendo amor e estímulo em vários momentos de minha vida. Minha consideração vai para as famílias de Jerry e Patty Boisclair, de Jeffrey Mondschein e Clifford Gray.

Em Jossey-Bass, fui encorajada, ouvida e guiada por William Hicks e, mais recentemente, por Byron Schneider e Cedric Crocker, por quase dois anos, contados a partir da primeira proposta. Seu carinho e sua ajuda mantiveram-me em ação durante momentos difíceis. Byron, na verdade, lutou muito pelo livro, mantendo-nos (a mim e ao livro) no caminho certo. Jan Hunter ofereceu importante ajuda no seu desenvolvimento. E, nos estágios finais, Maggie Stuckey e Mary Garrett foram importantes para conferir ao livro certa agudeza.

Na trincheira do lar, eu não conseguiria me sair bem como mãe de três filhas sem a minha governanta, Marie Miller, que é mãe do meu amigo Ludek Miller. Marie assegurava a sensatez em nós, quando eu sentia que deveria ir em outra direção. E havia minha amiga Maja Curhova, que, com amor, me ajudou com minhas filhas.

Isso me leva à minha família e às minhas filhas, Roxanne, Solange e Elizabeth, que se mostraram muito pacientes enquanto eu trabalhava no manuscrito, freqüentemente fazendo suas lições de casa no chão, perto do computador, onde eu escrevia. Solange me ajudou, oferecendo uma citação de *Chicken Soup for the Soul* (Canfield e Hansen, 1993), um de seus livros prediletos. Espero que a experiência de escrever sobre o amor tenha-me ensinado a ser melhor mãe. Minha irmã, Janet Mittelsteadt, entrou na batalha difícil contra o câncer enquanto eu escrevia este livro e me ajudou a ver uma outra profundidade do amor. Estou convencida de que todas as preces ao redor do mundo da parte de muitos amigos ajudaram a salvá-la. Finalmente, tenho de agradecer com todo o meu coração a Richard Daft, que me deu seu amor e seu estímulo, especialmente nas fases finais do livro, quando o *stress* era grande e a paciência pequena. Depois de enviar a versão quase definitiva do manuscrito para Jossey-Bass, voei para Londres, onde Dick e eu nos casamos. Estamos começando uma vida nova, juntos, em Nashville, uma vida cheia de esperança e de amor.

Fevereiro, 1997　　　　　　　　　　　　　　　　　　Dorothy Marcic
Nashville, Tennessee

COMO ADMINISTRAR COM A SABEDORIA DO AMOR

Prelúdio: Uma Justificativa para o Amor

"Há uma Lei segundo a qual o homem deve amar o seu próximo como a si mesmo. Em poucos anos, isso deveria ser tão natural à humanidade quanto a respiração ou a postura ereta; no entanto, se ele não aprender isso, perecerá."
— *Alfred Adler*

"É a alma do homem que tem de ser alimentada primeiro."
— *Shoghi Effendi Rabbani*

Uma antiga tradição muçulmana tenta definir a espiritualidade "explicando o odor de uma rosa". Alguns dizem que isso é impossível. Todos sabemos qual é o aroma e como reagimos a ele – mas, como produzi-lo em palavras? Isso é outra história. De igual forma, amor e espiritualidade são conceitos que transcendem os limites do mundo sensorial e, não importa o que façamos, acabamos por confiná-los a uma linguagem baseada no mundo material.

A linguagem da ciência, com a qual contamos para muito de nossa tecnologia moderna e informação, realiza um belo trabalho no que tange a definir e mensurar o mundo material, mas não pode conseguir o mesmo no que diz respeito ao mundo do espírito e do amor. Por exemplo: eu sei que o meu marido me ama, mas não posso provar nem medir esse amor cientificamente – ainda que esteja certa disso num grau profundo. Tampouco posso pôr minha certeza em palavras que expliquem ou meçam esse amor. Pelo mesmo motivo, espero que o leitor compreenda que, dadas as limitações da linguagem, meus esforços para escrever a respeito da espiritualidade e do amor só podem se mostrar imperfeitos.

A espiritualidade, por definição, diz respeito ao mundo do espírito, da alma e do que é sagrado. Trata-se de um universo que não podemos ver nem medir (o mundo não-material), mas que se encontra igualmente em torno de nós.[1] A espiritualidade é o meio de nos ligarmos a esse outro mundo, e ela é alimentada por certas crenças, atitudes e comportamentos. Vemos indicações de nosso desenvolvimento espiritual em nossas relações com o mundo material — por exemplo, pelo modo como tratamos as outras pessoas e o meio ambiente, bem como pela nossa atitude em relação ao trabalho.

Para nos desenvolvermos espiritualmente, devemos acreditar numa dimensão da realidade além daquilo que vemos e experimentamos como o mundo material. A evidência dessa realidade pode ser tão pura quanto a melodia do vento. Ainda assim, muitos de nós lutam vigorosamente contra a noção de acreditar e entender algo que não podemos ver. Talvez possamos entender mais a espiritualidade entendendo a natureza das leis espirituais, que funcionam de forma não muito diferente das leis físicas, como a gravidade.

A Lei Espiritual

Não tenho idéia de como os aviões voam. Mas eles voam, quer eu entenda ou não.

Como consultora administrativa durante as duas últimas décadas, tenho viajado de avião com freqüência, cruzando o país e quase dando a volta no globo. Toda vez que pego um avião, imagino como essa engenhoca gigantesca, pesando centenas de toneladas, pode erguer-se do chão. Para mim, não faz nenhum sentido o modo como um objeto mastodôntico desses pode, apenas movendo-se cada vez mais rápido, subitamente transportar-se no ar. Perguntei sobre isso a engenheiros e pessoas familiarizadas com os princípios da aeronáutica. Mesmo depois de ouvir seus discursos e tentar discernir o significado dos diagramas simplificados que eles desenhavam para mim, eu ainda não entendo. Qualquer compreensão que eu possa ter sobre física não parece transferir-se para o meu entendimento sobre a aeronáutica. Quando menciono isso a outras pessoas, muitas delas dizem que têm a mesma síndrome que eu. Nenhum de nós entende, mesmo que em pequena escala, como um veículo pesando centenas de toneladas pode erguer-se e movimentar-se pelo céu. Mas, ainda assim, eu (junto com os outros) continuo a comprar passagens aéreas e a voar pelo globo, crendo inteiramente que os princípios incompreensíveis da aerodinâmica funcionarão tal como nos foi dito. Isso faz voltar à fé em algo que não posso entender nem explicar.

Creio que o mundo em que vivemos é governado não apenas por leis físicas, mas também por leis espirituais. Tal como a falta de inteligência aeronáutica não muda, de forma alguma, as leis físicas que permitem aos aviões voar, o mesmo se dá com as leis espirituais. Aceitar ou não essas leis espirituais não faz nenhuma diferença em termos de sua força ou de sua relevância para nós. Ainda que não as possamos entender nem "captar", elas ainda operam suas maravilhas sobre nós.

Muitas Religiões, uma Única Mensagem

As leis espirituais que regem o comportamento humano têm sido elaboradas durante milhares de anos por todas as religiões e escolas filosóficas do mundo, com notável coerência. O Quadro P.1 mostra algumas dessas leis, com citações de várias religiões. Essa sabedoria ancestral, esses preceitos para viver de forma correta e criar sociedades harmoniosas, nos foram dados por todos os grandes líderes religiosos. As frases podem ser diferentes, mas a mensagem é essencialmente a mesma: ame o próximo, seja honesto, viva sob a égide da justiça, controle seus impulsos, evite a corrupção, deixe que suas intenções sejam puras, ajude o próximo.

Se os líderes religiosos têm transmitido essa mensagem em todas as épocas, desde milhares de anos atrás até o presente, deve haver algo em todas essas instruções. Em todas elas, deve existir uma diretriz importante para nós.

A Sabedoria do Amor

No centro de todos esses princípios orientadores encontra-se uma lei fundamental, a partir da qual todas as outras florescem: ame o próximo e trate-o como você gostaria de ser tratado. Embora nem todos os textos religiosos usem a palavra *amor* para retratar esse princípio, na verdade o amor é o traço comum a todas as leis espirituais. Desse preceito, que podemos chamar de "a Sabedoria do Amor", derivam todas as leis da vida honrada.

Ao seguir essas leis espirituais, desenvolvemos nossa natureza espiritual e adquirimos virtudes, tais como a confiança, o respeito, a paciência e assim por diante. As virtudes tornam-se, então, a manifestação exterior de nossa espiritualidade interior, que está enraizada no amor.

Quando indagado sobre o mais importante dos mandamentos, Jesus respondeu que era amar a Deus com todo o seu coração e sua alma, e o segundo era "amai ao próximo como a ti mesmo. Não há mandamento maior que este" (Marcos 12:29-31). Esse mandamento foi tão importante, que a ele se deu o nome de "Regra de Ouro".[2] De fato, embora muitas pessoas nas sociedades ocidentais associem esse princípio a Jesus, o conceito em si na verdade o precede e constitui parte essencial de todas as grandes religiões. Remonta ao Judaísmo, bem como ao Hinduísmo, ao Budismo e Zoroastrismo, conforme demonstram os fragmentos de sua literatura que se seguem (as datas referem-se ao início aproximado das religiões):[3]

Judaísmo (século XIV a.C.)[4]

Certo ímpio dirigiu-se ao rabino Shammai e disse: "Quero me converter, desde que me ensines todo o Torá enquanto me equilibro com um

Quadro P.1. Exemplo de Leis Espirituais das Religiões do Mundo

Lei	Idéias Básicas de Algumas Religiões
Sê digno de confiança	Não dirás falso testemunho contra o teu próximo. (*Cristão, A Bíblia, Êxodo 20:16*) O dom da verdade supera todos os dons. (*Budista, Dhammapada 354, 1973*) Mas a alma do mentiroso estará por certo em tormentos. (*Zoroastriano, Gathas: Yasna 45:7*, in Mehr, 1991, p. 99)
Sê desprendido, elimina o ego	... livre-se do orgulho. (*Budista, Dhammapada 221*)
Não vivas com ódio	Ausência de ódio, ... indignação [e] da inimizade; [essa é] a conduta aprovada para os homens em todos os estágios da vida. (*Hindu, Apastamba, Dharma Sutra, 8:1*, in Morgan, 1953, pp. 324-325)
Vida de serviço	No interesse do bem-estar de todos, leva avante a tarefa da tua vida. (*Hindu, The Bhagavad Gita, 3:20*, 1984, p. 58) Além do mais, existe alguma façanha no mundo mais nobre do que o serviço pelo bem comum? Isso é oração: servir a humanidade. (*Bahá'í*, in *Paris Talks* de 'Abdu'l-Bahá, p. 177)
Ama os outros	O ódio não é vencido pelo ódio. O ódio é conquistado pelo amor. Essa é uma lei eterna. (*Budista, Dhammapada 5, 1973*) ... ama a teus inimigos, ora pelos que te insultam... ama a teu próximo como a ti mesmo. (*Cristão, A Bíblia, Mateus 5:44, 19:19*)

só pé no chão." Shammai expulsou o homem com o côvado de construtor que estava em sua mão, e foi até o rabino Hillel, que disse: "Não faças ao próximo aquilo que te é odioso; isso é todo o Torá; o resto é comentário; vai aprendê-lo."
    Talmude babilônico, Shabbat 31a (citado em Glatzer, 1969, p. 197)

Hinduísmo (Religião dos Vedas: século XIII a.C.; Upanishads: século V a.C.)

Não faça aos outros aquilo que você não quer para si mesmo. Nisso consiste todo o Dharma; preste muita atenção.
    — Mahābhārata (citado em Das, 1995, p. 398)

Zoroastrismo (século XII a.C.)[5]

A natureza humana só é boa quando não faz aos outros aquilo que não é bom para si mesma.
    — Dādistān-ī-Dīnīk, 94:5 (citado em Müller, capítulo 94, Vol. 18, 1882, p. 269)

Budismo (século VI a.C.)

Não ofenda os outros por meios que você acharia ofensivos.
    — Udānavarga, 5:18 (citado no Dhammapada tibetano, 1986)

Jainismo (século VI a.C.)

Na felicidade e no sofrimento, na alegria e na dor, considere todas as criaturas como se considerasse a si mesmo.
    — Yoga-Sāstra (citado em Bull, 1969, p. 92)

Confucionismo (século VI a.C.)

Não faça aos outros aquilo que não quer que façam a você.
    — Confúcio, Os Analectos, 15:23, 6:28, Mahabharata, 5:1517 (citado em Confúcio, Os Analectos, 1992)

Cristianismo (século I d.C.)

E o que queres que vos façam os homens, fazei a eles.
— Jesus Cristo, A Bíblia, Lucas 6:13

Islã (século VII d.C.)

Nenhum de vocês é um crente enquanto não desejar ao outro aquilo que deseja para si mesmo.
— Sunnah (do Hadīth)

Sikhsm (século XV d.C.)

Não te apartes do outro, pois, em cada coração, penetra o Senhor.
— Sri Guru Granth Sahib (citado em Singh, 1963, p. 250)

Bahá'í (século XIX d.C.)

Não imputes a qualquer alma aquilo que não terias imputado a ti, e não digas aquilo que não gostarias de ouvir. Este é o meu mandamento. Observa-o.
— Bahá'u'lláh, Hidden Words, Arábico 29

Tudo o Que Vai Volta

Respeitar as leis físicas do universo ajuda-nos a conceitualizar as leis espirituais, ensinando-nos também a noção das conseqüências, segundo a qual certas ações levam a reações previsíveis. A idéia de haver conseqüências à ação de objetos materiais foi definida por Isaac Newton, no século XVII. Por exemplo: quando uma bola, com massa determinada, é lançada de um ângulo particular, o arco pelo qual se dá sua trajetória pode ser determinado matematicamente.

As leis espirituais também têm conseqüências, e, quer sejamos ou não conscientes delas, estamos sujeitos às suas conseqüências. Estas nem sempre são tão óbvias quanto a queda de uma maçã, particularmente se não quisermos vê-las, e em geral não são tão imediatas. Em resumo: podemos ignorar as leis espirituais impunemente, mas, no final, as conseqüências de nossas ações se tornarão manifestas.

Por exemplo: se resolvo viver minha vida de acordo com a lei espiritual básica de amar ao próximo, uma das coisas que isto quer dizer é que devo ser honesto em meus negócios com as pessoas. Se obedeço à lei da honestidade, isso quer dizer que tratarei os outros com integridade e confiança. Como resultado, a maioria das pessoas confiará em mim, e essa confiança servirá para intensificar minhas relações com elas. No entanto, se resolvo desafiar essa lei espiritual e mentir para os outros, tentando enganá-los, ou não fazendo o que havia prometido, em breve eles não confiarão em mim e, se puderem escolher, tentarão me evitar.

Se "acredito" ou não na honestidade – isso não traz conseqüências. Quando o comportamento faz com que a confiança se perca, não importa se o grupo entende que a lei espiritual da honestidade também foi desprezada – o resultado de um modo geral ainda é a perda da confiança.

Certamente, quando isso se refere às relações entre as pessoas, pode haver vários fatores em jogo, e talvez seja difícil separar as conseqüências relativas a cada fator. Num certo dia, uma pessoa está sujeita às muitas forças que dão forma ao comportamento, e nem todas elas são respostas às ações alheias. Em geral, no entanto, podemos avançar na vida sabendo que seguir a lei da honestidade gera confiança, e que, sem dúvida, infringir esta lei destrói a confiança.

Amor e Ação

O amor e a espiritualidade dizem respeito à transformação. A busca pela espiritualidade e pelo sagrado é um processo que requer honestidade e reflexão sobre si mesmo. Ele obriga a mudança. Esta é um processo que consiste em se mover, cada vez mais perto, na direção de um estágio mais virtuoso. Ter "fé" ou sentir-se "ligado" aos outros sem quaisquer mudanças interiores ou ações exteriores não é a verdadeira espiritualidade — mas sim uma forma sem conteúdo.[6] É como uma organização que pretenda adotar um estilo mais japonês de administração apenas nomeando um grupo de pessoas de baixa qualidade com pouca autoridade ou energia. De igual forma, um diretor ou consultor que institui um "programa de espiritualidade" sem passar pelas transformações pessoais necessárias só pode esperar um resultado superficial.

Nosso comportamento é uma manifestação exterior de nossa vida interior. Se os outros não podem reconhecer sinais de nossa espiritualidade em nosso comportamento, então é provável que, mesmo dentro de nós, elas não sejam evidentes. Algumas pessoas pensam que a espiritualidade e a vida prática do dia-a-dia são coisas separadas. Um dos objetivos deste livro é mostrar que os comportamentos espirituais deveriam ser praticados tanto numa fábrica como num templo.

Ter *sentimentos* em relação ao próximo não é o bastante em si. O amor verdadeiro requer ação, e o desejo de se esforçar a fim de contribuir para o desenvolvimento do outro.

Meus filhos: não amemos apenas de palavras nem de língua; mas por ações e em verdade.

— Cristianismo, *Bíblia*, 1 João 3:18

O amor verdadeiro se realiza pelo comportamento virtuoso. Esse comportamento pode tornar-se uma *força*, um poder em si mesmo. Tal como a paz, que não é apenas a ausência de guerra (como estamos vendo desde a queda do império soviético), mas uma força que pode se alimentar por si mesma, o amor também é uma força. Ele se manifesta como uma intenção de aperfeiçoamento, que se revela freqüentemente num resultado positivo.

Ao amar alguém, podemos realmente encorajar o desenvolvimento dessa pessoa. Nosso amor serve como um catalisador para o desenvolvimento da pessoa.[7] Quando acreditamos e temos fé nos outros, nós os ajudamos a aumentar sua auto-estima e sua fé em si mesmos, o que lhes aumenta a energia e a vontade de se tornarem melhores do que são.

Amor e Espiritualidade no Ambiente de Trabalho

O princípio da Sabedoria do Amor que nos guia a uma linha de conduta correta, num nível pessoal, também apresenta o caminho para criarmos organizações prósperas. Os negócios existem tanto no mundo físico como no espiritual, tal como todas as outras unidades da sociedade, e depende das mesmas leis físicas e espirituais. Não existem dois conjuntos de leis espirituais, um para a vida diária e outro para os negócios; há apenas um. É irrelevante se os administradores percebem isso ou não. As mesmas leis se aplicam a eles como a todos os demais, mesmo quando eles as ignoram. As idéias no Tao são semelhantes: "A lei natural é cega; sua justiça é eqüitativa. Não se escapa às conseqüências do comportamento são." (Heider, 1985, p. 9)

Este livro propõe embarcar numa viagem em que se descobrirá o que são essas leis espirituais, entendendo o que elas significam para os negócios e para os administradores. Minhas premissas são as de que essas leis espirituais existem e que a sabedoria que nos é dada através dos tempos consiste em seguir essas leis a fim de desenvolver o comportamento virtuoso. Eu o convido a fazer essa jornada comigo, nela iremos explorar a razão pela qual a lei espiritual e as virtudes da administração que fluem dela são relevantes para os negócios modernos.

Parte da nossa jornada consistirá em entender mais o que é o amor e o que ele significa no ambiente de trabalho. Alguns dizem que o amor não tem lugar no trabalho. Não penso que tenhamos alguma escolha a respeito, no entanto. O amor tem suas próprias leis. Tal como a lei da honestidade, que opera tanto dentro como fora dos negócios, assim se dá a força do amor. Podemos escolher negá-la, ignorá-la ou abusar dela. Mas ela ainda está lá e nós ainda viveremos as conseqüências resultantes da forma com que usamos a força do amor.

E se eu (...) conhecer todos os mistérios e tudo quanto se pode saber; e se eu tiver toda a fé, a ponto de remover montanhas, e não tiver caridade, não sou nada.

— Cristianismo, *Bíblia*, 1 Coríntios 13:2

Chegará o dia em que, depois de aproveitarmos o espaço, os ventos, as marés e a gravidade, faremos uso, graças a Deus, das energias do amor. Nesse dia, pela segunda vez na história do universo, descobriremos o fogo.

— Teilhard de Chardin[8]

Capítulo Um

A Espiritualidade no Ambiente de Trabalho

"A boa administração é mais do que tudo uma questão de amor... pois a própria administração envolve tomar conta das pessoas, e não manipulá-las."
— James A. Autry, *Love and Profit*

"O amor é sempre o início do Conhecimento, tal como o fogo é o princípio da luz."
— J. W. *von Goethe*

Quando foi a última vez que você ouviu a palavra *amor* em seu lugar de trabalho? O *amor* raramente é usado na mesma sentença com as palavras *negócios* ou *administração*. Diga a palavra amor num encontro de negócios e os olhos ficarão embaçados ou as pessoas tratarão o assunto como uma brincadeira de adolescente. Foi muito difícil encontrar a palavra *amor* em manuais com planos de ação de empresas ou em textos de administração. As palavras mais próximas que você pode encontrar são *empatia* (em ouvir), *reforço positivo* (em administração de comportamento) ou *coesão* (no desenvolvimento de grupo); todas elas podem ser componentes do amor, mas não representam a coisa em sua totalidade.

A maioria de nós acharia sufocante pensar em viver sem amor. Como é que a cola que mantém junta a nossa família, e outros relacionamentos importantes, parece estar ausente do mundo empresarial?

Há dez anos eu pensava que, pelo fato de que a maioria de nós vinha de famílias problemáticas, acabaríamos criando organizações problemáticas. Naquele momento, outras pessoas estavam escrevendo sobre temas semelhantes. Um dos meus favoritos era o artigo "Managers Anonymous" (1988), de Roger Evered e Jim Selman. Eles trabalhavam com a hipótese de que os administradores sofrem do mal do "administrismo", um vício de comportamentos não-produtivos, mesmo diante de informações que mostram as conseqüências diretas desses comportamentos. E havia J. B. Ritchie, da Brigham Young University, cujo objetivo era ensinar aos estudantes como se protegerem do "abuso organizacional" pervasivo (1984).

Hoje eu vejo o problema básico de uma forma diferente. Na minha busca para entender o que acontece com as empresas, comecei a perceber que os administradores problemáticos não são a causa, como eu pensava, mas sim os sintomas de um problema mais profundo. A causa original é a falta de amor. Os problemas que estamos vendo em organizações sem harmonia são apenas sintomas da falta de amor e da negligência em relação à lei espiritual.

Ficando bem clara a verdadeira causa do problema, estaremos na direção certa para a solução. A raiz dos males das empresas modernas não pode ser extirpada mandando diretores para mais programas de treinamento, contratando mais MBA da Harvard, "fazendo" TQM (Gerenciamento da Qualidade Total), desenvolvendo uma estratégia ampla e ofensiva, ou mesmo instalando um programa de "espiritualidade". Certamente, essas táticas podem ser ingredientes importantes e úteis para o progresso contínuo de uma empresa. Elas não são, entretanto, as soluções reais, as ações que trarão saúde a longo prazo. O que as empresas modernas precisam é de um alicerce moral, uma infusão de espiritualidade, o reconhecimento de que a fonte principal de nossos problemas é a falta de amor.

A Espiritualidade e a Sabedoria do Amor

Por que toda essa conversa sobre amor em organizações? Porque a força do amor e da lei espiritual opera com a mesma inexorabilidade tanto dentro das organizações como fora delas. Infelizmente, os administradores e os que escrevem sobre administração não têm se lembrado deste princípio simples: nós habitamos o mesmo espaço físico e espiritual que outros membros e sistemas deste mundo, e estamos sujeitos às mesmas leis e às mesmas conseqüências dessas leis. Como seria se amássemos nossos subordinados, nossos chefes e nossos colegas como amamos a nós mesmos? Isso significaria que não poderíamos magoá-los intencionalmente ou tratá-los injustamente; agiríamos com dignidade e respeito.[1] Esses são alguns dos blocos de construção de um sistema saudável e próspero. Não importa se você usa *amor* ou outra palavra para descrever esses comportamentos; se você trata todas as pessoas com as quais trabalha da mesma forma que gostaria de ser tratado, então, de fato, você está agindo pela Sabedoria do Amor. E se todos os executivos e administradores de organizações fossem guiados por esse princípio nas decisões que tomam, então poderíamos dizer que a organização, a entidade cumulativa, traz a espiritualidade ao menos como parte de seu alicerce.

Novos Valores para os Administradores

A maioria dos programas de MBA e de treinamento gerencial não ensinam os futuros administradores a amar seus empregos ou seus clientes, ou a criar um ambiente no qual o amor possa se desenvolver. Até bem recentemente, as máximas nunca questionadas entre os administradores eram variações das seguintes: Esteja no comando! Controle recursos e pessoas (que são parte dos recursos)! Planeje o seu trabalho e trabalhe em seu planejamento! Seja um diretor "cabeça-dura"! Mantenha a disciplina! Faça-os fazer o que você quer que eles façam!

Os administradores são impelidos a essa mentalidade agressiva, e, ao mesmo tempo, esperam desenvolver equipes de alto desempenho, que precisam receber poderes delegados, ser atendidas e ter suas necessidades sociais preenchidas, a fim de alcançar os níveis de atuação desejados (Peters, 1987; Schmidt e Finnigan, 1992; Nadler e Gerstein, 1992). Os realizadores de ponta descrevem sua disposição de ânimo como cheia de energia, entusiasmada, concentrada e confiante, e assim por diante. Eles dizem que essas características são resultados de um compromisso de sua parte, bem como do desafio e do sentimento de um objetivo a ser alcançado (Adams, 1984b). Essas qualidades positivas raramente são encontradas em grupos de trabalho baseados em objetivos egoístas e que buscam o engrandecimento pessoal, ou em ambientes de desconfiança, suspeita e intriga. Organizações que exigem um alto compromisso por parte dos trabalhadores só podem consegui-lo se valorizarem sinceramente as contribuições dos mesmos e criarem uma atmosfera confiante (Green e Hatch, 1990). Essas atitudes fazem parte do conjunto de comportamentos amorosos. Elas representam a Sabedoria do Amor em ação.

Referimo-nos aqui ao amor operacionalizado como agente edificador da comunidade nas organizações. Quando realizamos boas ações aparentes, mas o fazemos com a intenção de algum tipo de retorno ou reconhecimento, ou com medo de punição, estamos agindo por uma razão centrada em si mesma, ainda que esse comportamento possa ser útil a outros (Jackall, 1988). No entanto, se fizermos as mesmas ações, mas com o objetivo de melhorar o grupo, então podemos verdadeiramente sentir a "comunidade".[2]

Sem amor, não pode haver sentimento de comunidade. Administradores envolvidos principalmente com seu próprio bem-estar, com a satisfação de suas próprias necessidades, não poderão ser administradores destacados e tampouco criarão uma organização de destaque ou duradoura. Para conseguir sucesso prolongado, os administradores precisam, sinceramente, cuidar das necessidades dos outros, ajudando-os de formas desinteressadas, de formas que afirmem a comunidade. Com essa disposição de espírito, o grande problema de um executivo de sucesso seria: "Se você não está criando a comunidade, você não está administrando" (Autry, 1991, p. 145).

Conseqüências do Rompimento das Leis Espirituais

As empresas que quebram as leis espirituais, que carecem de amor, integridade, justiça e respeito, apresentarão resultados negativos de alguma forma. Elas podem ser inicialmente bem-sucedidas, ou mesmo bem-sucedidas por algum tempo, particularmente se tiverem administradores talentosos e a concorrência for pequena. No entanto, os resultados da falta de amor, da injustiça e do desrespeito finalmente tornarão a empresa menos produtiva do que poderia ser. A longo prazo, a empresa sofrerá a alienação dos trabalhadores, o rompimento com clientes e a perda do respeito da comunidade, e assim por diante.

O Zoroastrismo primitivo tinha uma lei de conseqüências bem definida, a lei de *Asha* (semelhante ao *dharma* hindu e ao *dhamma* budista), que indica que todas as pessoas recebem o fruto de suas próprias ações – ou *Mizdem* (aparentado ao *karma* no Budismo e no Hinduísmo) (Mehr, 1991). Essa doutrina remota reconhece o potencial positivo da nossa conduta, bem como o lado mais obscuro da natureza humana, a capacidade de se comportar quer honradamente quer desprezivelmente. No caso dos administradores, a escolha se dá entre usar o poder para o bem da organização e das pessoas ou abusar desse poder.

Empresas que, em vez de romper com as leis espirituais, seguem-nas, serão vencedoras a longo prazo. Muitos elementos contribuem para o sucesso de uma empresa: antecipação adequada da demanda dos consumidores, eficiência de custo na manufatura e na distribuição, alta produtividade, inovações no planejamento e adaptação rápida às alterações do mercado. No ambiente competitivo de hoje, as empresas têm de fazer tudo bem-feito; uma falha em qualquer dessas áreas pode significar a falência. Resultados positivos nem sempre são automáticos ou óbvios.

Este não é um livro a respeito de *marketing*, produtividade ou planejamento estratégico em si. Ele trata da espiritualidade. Refere-se a conduzir os negócios a partir de uma base espiritual, em quaisquer circunstâncias que a empresa se encontre, e a perceber o efeito positivo da espiritualidade ondular-se pelo restante da organização – incluindo *marketing*, produtividade e o uso de planos de ação estratégicos.

Um resultado positivo de se seguir as leis espirituais é ver o sucesso em termos mais amplos do que simplesmente um aumento nos lucros. É importante enfatizar que seguir as leis espirituais apenas com a esperança de se tornar mais rentável rompe com a lei da pureza de intenções e tende a, de alguma forma, neutralizar os efeitos do esforço.[3] Pureza de intenção significa que um administrador poderia trabalhar em prol de uma conduta virtuosa, sem expectativa de retorno. A recompensa, então, não exerce nenhuma influência sobre a escolha de ser virtuoso novamente. Sem pureza de intenções, é provável que um executivo "sinta a espiritualidade", mas rapidamente perca o interesse se basicamente não perceber uma melhoria rápida.

Em geral, acredito que "viver corretamente" pode ter resultados empíricos muito positivos. O Capítulo 4 inclui histórias de muitas empresas cujo sucesso testemunha em favor dessa verdade. Agora, aqueles de vocês que são persuadidos por números devem considerar isto: um estudo conjunto entre europeus e americanos de três mil unidades estratégicas mostrou muito maior retorno sobre o investimento (ROI) em unidades que praticam políticas de boas relações humanas, tais como justiça na remuneração, redução de conflitos, estímulo do sentimento de perfeição, participação nas decisões, divisão das informações, criação de sentimentos de propriedade e abertura para mudanças. O impacto dessas políticas foi muito maior em empresas de ambientes instáveis (alterações imprevisíveis nas vendas, competição e tecnologia), que mostraram um retorno ao investimento 16,7% maior que aquelas de ambientes estáveis, que mostraram um retorno sobre o investimento 3,8% maior (Mack, 1992).

O sociólogo James Coleman argumenta que o amor aumenta não apenas o bem-estar econômico, tal como é mostrado no estudo acima discutido, mas também quase todos os outros elementos da existência social (Fukuyama, 1995, p. 10). Isso cria uma tremenda reserva de *capital social*, a capacidade das pessoas em subordinar seus interesses individuais e trabalharem juntas, em grupo, por propósitos comuns. Sem amor, não pode haver compromisso de grupo e, por conseguinte, não pode haver capital social.

Aprendendo a Amar

Se tudo isso é tão importante, tão óbvio, por que não usamos mais a força do amor? Por que não aprendemos a amar com mais empenho? Acredito que a maioria de nós que trabalha com empresas na verdade quer ser mais eficiente, mas ainda não tomou consciência de alguns desses princípios básicos para trabalhar com outros seres humanos. Pelo contrário, tentamos isto e aquilo, e mais tarde ficamos confusos, imaginando por que o resultado não foi tão bom quanto o esperado. A explicação, acredito, é que não estamos olhando para o lugar certo. Despendemos grande parte de nossos esforços nas dimensões física e intelectual (ver Capítulo 2), e quase nenhum na dimensão espiritual. As coisas que tentamos não serão bem-sucedidas, a menos que apontem para a essência espiritual da empresa e a menos que os nossos esforços sejam baseados em condutas cheias de amor. Isso é crucial: quando trabalhamos para aperfeiçoar a dimensão espiritual da organização, devemos nos assegurar de que, durante o processo, não estamos violando a lei espiritual.

Os consultores administrativos são tão culpados quanto qualquer um. Entramos nas organizações com nossas fórmulas, estratégias e informações esmagadoras. Sem amor, esses instrumentos não podem ser usados em seu potencial máximo e podem até causar prejuízos. Uma organização sem amor traz consigo o egoísmo, a luta política, o ciúme mesquinho, as mentiras e a desconfiança. De que serve o sistema de informação mais avançado se ele é usado para esconder fatos de certos grupos, proporcionar vantagens para algumas pessoas em detrimento de outras ou transmitir uma idéia falsa da realidade para os empregados? E até que ponto ainda é útil um outro programa de treinamento administrativo a respeito de comunicação, diversidade e atribuição de poderes se ele apenas se junta ao repertório de manipulações do administrador? "Só a bondade fundamental dá vida à técnica" (Covey, 1989a).

Algumas organizações, acreditando que estão afinal no caminho certo, instituem programas de espiritualidade ou de formação de comunidade apenas para cair no vazio. Então, os administradores podem dizer: "Eu disse que a espiritualidade não funcionaria!" É verdade: ela não "funcionará" se for tudo, menos autêntica, e se não mexer com os valores essenciais da organização. As pessoas não são estúpidas. Durante os muitos anos em que trabalhei com organizações, sempre me impressionei com as idéias e a consciência de muitos empregados e, especialmente, de muitos grupos de trabalho. Às vezes, essas pessoas percebem intenções que não são puras, ou programas que foram projetados para fazê-las eficientes sem alterar quaisquer injustiças estruturais ou aperfeiçoar a comunicação honesta. Inicialmente, elas podem apreciar os esforços por transformação, mas quando nada muda realmente, logo se tornam ressentidas, irritadas e alienadas. Depois de algum tempo, a administração percebe que existem novos problemas (na verdade, apenas os mesmos, só que revisitados) e requer outro programa. Com cada um dos novos e replanejados, mas enfim ineficientes programas, os trabalhadores tornam-se cada vez mais cínicos. "Oh, não! Outro consultor!", dizem eles.

Minha filha ensinou-me uma grande lição em matéria de autenticidade, durante uma refeição de domingo, não muito tempo atrás. Moramos quatro anos em Praga, onde eu lecionava, e minhas filhas adotaram vários costumes europeus. Nesse domingo em particular, eu estava fazendo o máximo para que Elizabeth, então com oito anos, usasse "apropriadamente" os utensílios, em vez de usar a combinação estranha e desajeitada de técnicas européias e americanas que ela inventara. Ela ficava frustrada com minhas repetidas correções, e eu ficava frustrado com a sua resistência. Finalmente, esperando vencê-la com a lógica, argüi: "Mas eu só estou tentando ser útil!"

Ela só olhou para mim. Enxergando através das minhas intenções hipócritas com o vislumbre claro de uma criança, ela protestou: "Você não está ajudando, mas atrapalhando!"

Desde esse dia, meditei muitas vezes sobre a sabedoria de uma criança. Com freqüência, fazemos coisas supondo que se trata de uma ajuda, quando, na verdade, o que estamos fazendo é apenas "atrapalhar". Os administradores são tão culpados quanto a família.

Nós, que trabalhamos com administração, temos marchado adiante com estatísticas, fórmulas, quocientes e estratégias, em nome da produtividade e com a intenção de ser útil. Estatísticas e fórmulas podem ser muito úteis, mas sem o mesmo cuidado com o elemento humano ajudamos a erodir alguns importantes valores da comunidade. Aplicar mudanças que rompem com a lei espiritual resulta num final "pior".

Posso ouvir minha filha gritando do fundo de um salão, numa conferência profissional, em que alguém descreve algum novo "sistema" que revolucionará o ambiente de trabalho e o quanto ele ajudará na produtividade: "Você não está ajudando, mas atrapalhando!"

Motivos Espirituais

Aquilo de que tratamos aqui é o fortalecimento da dimensão espiritual da organização, colocando os negócios sobre uma base firme de ética, de integridade e de honra. Embora tudo o que eu aprendi sobre organizações, incluindo as experiências com empresas de que você terá notícia adiante neste livro, não deixe dúvida quanto ao fato de que empresas espirituais podem ser empresas rentáveis, não sugiro que qualquer organização se mantenha em virtude dessa única motivação. Acredito, simplesmente, que deveriam ser assim, pois é a coisa certa a se fazer.

Quando a meta de ascensão da empresa é apenas o lucro e o aumento da riqueza dos acionistas, é difícil criar uma estrutura espiritual, pois assim que o interesse principal é ameaçado, o amor escapa pela janela, como uma mercadoria descartável. Num ambiente desses, todos são programados para as metas de lucro e tentam "encaixar" nisso a espiritualidade. No entanto, para que o amor e a espiritualidade realmente funcionem, as metas de lucro devem ser associadas com as metas espirituais, tais como contribuir com a comunidade, aperfeiçoar os empregados ou criar comunidade dentro da organização.

Entrega-te ao Meu serviço, esforça-te apenas para o Meu bem, e deverás alcançar o objetivo.

— Hindu, *Bhagavad-Gita*, 12:10
(citado em *The Geeta*, 1986)

O motivo espiritual é o mais significativo, em decorrência do que tem ocorrido no mundo dos negócios. Como Willis Harman e John Hormann (1990) nos lembram, os negócios estão numa posição crítica neste ponto da história. Como a influência dos governos e das organizações religiosas desgastou-se seriamente, eles oferecem pouca esperança às sociedades agitadas para superar problemas antes inimagináveis e complexos, que afligem grande parte do mundo. Talvez apenas o mundo dos negócios tenha os recursos, a competência e a credibilidade para começar a mudar essa situação embaraçosa. Grandes empresas multinacionais têm orçamentos maiores do que muitos países do mundo. Além disso, negociar além das fronteiras ajuda a criar um tipo de união que freqüentemente substitui qualquer coisa que a política possa oferecer. Larry Miller comentou certa vez: "Fazer negócios com outros países cria novos parceiros, e quem quer atirar no parceiro?" (comunicação pessoal, janeiro, 1986).

As negociações internacionais e a publicidade delas resultante ajudaram a trazer à luz do dia abusos flagrantes nas fábricas. Crescimentos no mercado alternativo de manufatura de roupas resultaram numa porção de críticas e clamor público a respeito das condições de trabalho em regiões da Ásia. Motivadas quer por metas sociais ou por recomendação das relações públicas, muitas empresas contrataram inspetores e pararam de subcontratar empresas que mantêm más condições de trabalho para seus empregados; em conseqüência disso, essas empresas podem ser essencialmente uma força para a mudança social positiva. Alguns anos atrás, um comportamento desses, vindo de uma multinacional nos Estados Unidos, seria quase impensável, mas a dependência desse mercado alternativo aumentou e a mídia concentrou sua atenção sobre as duras condições de trabalho. Uma lista cada vez maior de empresas, incluindo Wal-Mart Stores, Nordstrom, Levi Strauss & Co. e Reebok International, está desenvolvendo padrões para fábricas contratadas, dos planos de salário aos direitos relativos à segurança dos trabalhadores. Um funcionário da Organização Internacional do Trabalho (escritório das Nações Unidas em Genebra), diz: "É um desenvolvimento sadio que ajuda os empregadores a ver que o tratamento humano não levará uma empresa à falência" (Zachary, 1994, p. 1).

Dados os inúmeros recursos que o mundo dos negócios comanda, se ele também tiver objetivos elevados cujas forças principais são espirituais, e se ele trabalhar com vistas ao desenvolvimento das virtudes, os negócios poderão ser o meio mais eficiente para se criar uma vida melhor para bilhões de pessoas.

O homem correto entende a eqüidade, o homem pequeno entende os lucros.

— Confúcio (citado em Seldes, 1985)

A Espiritualidade é um Processo, não um Produto

Quase todos os anos, uma nova moda emerge na cena da administração, e muitas pessoas ficam ricas, dando seminários ou escrevendo livros. Meu medo é que a espiritualidade já tenha sido relegada a essa posição de "novidade do mês". Enquanto isso, a verdadeira espiritualidade foi marginalizada. Agora ela é um assunto popular, um tema interessante, e muitos a estão usando para ganhar atenção, popularidade ou retorno monetário.

Algumas das discussões correntes sobre espiritualidade apresentam pouca profundidade. A espiritualidade tornou-se, para alguns, uma diversão. É uma pena que a verdadeira mensagem se perca em técnicas, falatórios e dogmas novos. A espiritualidade não é algo que possamos alcançar apenas lendo livros (incluindo este) ou se envolvendo em longas discussões. Pelo contrário: é necessário estar envolvido no processo em si.

Uma vida virtuosa requer esforço, não consiste em diversão.

— Aristóteles (como é citado em Seldes, 1985, p. 18)

Pode uma organização ser espiritual? Se os seus membros trabalham pelo desenvolvimento coletivo das virtudes e trabalham com "as visões corretas, as aspirações corretas" (Buda, como é citado em Fozdar, 1973, p. 46), e assim por diante, essa organização é, de fato, espiritual? Talvez – neste momento. O desenvolvimento espiritual está em contínuo processo, está sempre em movimento. Nunca podemos dizer que já o alcançamos. Uma determinação de que a Empresa A é espiritual não tem sentido. Tudo o que podemos admitir é que, *neste dado momento*, a Empresa A se encontra numa trajetória espiritual e tem adotado alguns processos ou programas baseados no desenvolvimento de certas virtudes.

Não podemos dar "prêmios de espiritualidade" para empresas; podemos apenas observar o esforço das organizações em busca do crescimento neste caminho. Qualquer um ou qualquer organização não só pode como irá recair. A questão, no entanto, não é ser desencorajado, mas uma vez mais ir adiante. Não é *onde* você está o que conta, mas sim se você está se *movendo para a frente*.

Capítulo Dois

INDO EM BUSCA DO EQUILÍBRIO

"Se eu tivesse de viver minha vida novamente, haveria de impor-me a tarefa de ler poesia e ouvir música pelo menos uma vez por semana; talvez as partes do meu cérebro ora atrofiadas tivessem assim se mantido ativas pelo uso. A perda desses gostos é a perda da felicidade, o que pode ser nocivo ao intelecto, e mais provavelmente ao caráter moral, por enfraquecer parte de nossa natureza."
— Charles Darwin

A vida da maioria dos administradores é cheia de confusões, incerteza e ansiedade. Muitos problemas de suas organizações permanecem irresolvidos ou tornam-se piores pela falta de compreensão das causas dos problemas. Não posso começar a descrever todos os traumas organizacionais que tenho visto e que são resultados da incapacidade do administrador ou da relutância em examinar a dinâmica fundamental da situação e aplicar princípios de administração relevantes. Eram "negócios como de costume", ainda que o caminho típico não funcionasse, ou que algum esforço por uma nova abordagem fosse feito (com freqüência tratava-se de um desanimado "programa do mês"). No final, ninguém realmente aprendeu nada e, sem um entendimento adicional, as organizações estão condenadas a repetir o ciclo.

Os vários problemas que tenho deparado durante quase vinte anos ensinando administração e dando consultoria administrativa podem ser convenientemente divididos em algumas poucas categorias: a crescente ganância da empresa; violações éticas; falta de sensibilidade às necessidades dos trabalhadores, como é evidenciado pelos salários ultrajantes dos diretores executivos e a dispensa maciça de milhares de trabalhadores; o crescente mercenarismo e a opressão do trabalhador.[1] Esses problemas são, em geral, indicações de uma crise espiritual. Assim testemunham os seguintes exemplos que tenho visto ou ouvido no meu trabalho com organizações:

- Uma organização na qual o maior problema de mais da metade dos empregados era "ir levando até a aposentadoria". Não é difícil imaginar o grau mínimo de motivação do grupo.

- Organizações que "cortam" empregos dos trabalhadores e não sentem culpa nem remorso, tampouco tentam dar uma retribuição além do superficial.

- Empregados que se sentem explorados ou humilhados, que, em retribuição, trabalham menos ou sabotam resultados, ou roubam suprimentos do escritório, fazem telefonemas interurbanos ou usam de outros recursos. Eles esperam pacientemente pela oportunidade de vingar-se da organização.

- Empregados que esperam ser vítimas de alguma injustiça; por isso, reagem de forma hostil ou não-cooperativa à administração. Esse comportamento naturalmente só serve para distanciar trabalhadores da administração e para fazer com que a administração pense de forma negativa a respeito dos empregados. Isso se torna uma profecia que se realiza por si mesma.

- A organização mostra "todas as terríveis manifestações de controle, manipulação, desonestidade, retenção de informações, [e] táticas de divisão e conquista, [onde] a moral é desoladora" e a tirania reina (Marilyn O'Brien, comunicação pessoal, outubro, 1995).

- Empregado que, durante anos, sente-se incompreendido, desprezado, pouco reconhecido, explorado e mesmo escravizado, e que, um dia, vai ao trabalho com uma arma e a usa.

Talvez o exemplo mais cruel – por prometer tanto e cumprir tão pouco – seja o tão famoso programa de "mudanças". Ele funciona mais ou menos assim: a administração traz outro grupo de consultores para "consertar" os problemas de baixa produtividade, falta de comunicação e moral baixa. Todos são convocados a assistir a aulas e "sessões de motivação". Uma "reestruturação" é proposta. São pendurados cartazes com lemas de melhoria que tratam de temas como atitude positiva, apreço pelo próximo e honestidade. No entanto, uma vez que os administradores raramente seguem quaisquer desses ideais expostos, depois de alguns meses, ou semanas, as coisas estão de volta ao curso em que estavam – a não ser pelas pessoas, que agora estão mais desiludidas do que nunca.

Para muitos de nós, não é surpreendente tomar conhecimento de que mais de 55% de todos os esforços organizacionais de transformação falhem (Hammer e Champy, 1993). Pense no que isso significa: durante mais da metade do tempo, toda a ruptura e o trauma da mudança foram em vão.

Alguns críticos argumentariam que a razão pela qual esses programas de "conserto" não são bem-sucedidos é que eles vão longe demais no lado psicológico do trabalho; de qualquer forma, eles são um desperdício de dinheiro, dizem – limite-se a se dar bem com os negócios. Discordo. Minha alegação é a de que freqüentemente esses programas falham por não irem longe demais. As mudanças tendem a ser superficiais. Elas não lidam com os problemas essenciais do espírito e do amor e basicamente não entregam nada de volta. O novo esquema organizacional é como um elástico. Estique-o firmemente e você poderá mantê-lo no lugar pela força bruta; mas uma vez que a tensão gerada pela mudança se for, o elástico se parte bruscamente, e machuca a mão.

O pior é que os esforços por mudanças derivam de motivos pouco verdadeiros. Nenhuma retórica pode sintonizar os fortes decibéis da hipocrisia administrativa ou dos padrões dúbios. Para ser real, para durar, a mudança tem de ser verdadeira e florescer do nível mais profundo e básico das necessidades e dos valores humanos.

As Cinco Dimensões do Trabalho

Equilíbrio. Em todas as partes, equilíbrio. Com grande freqüência enfatizamos o desenvolvimento de nossa potência intelectual e, com isso, esquecemos nosso desenvolvimento emocional, espiritual e criativo. Ao fazer isso, nossas maiores forças tornam-se nossas maiores fraquezas.

Isso tanto é verdade para as organizações como para as pessoas. Organizações tendem a se concentrar apenas num aspecto de sua natureza: o bem-estar financeiro, definido bem minuciosamente.[2] Uma organização saudável teria um equilíbrio do desenvolvimento material e físico, crescimento intelectual e um cuidado profundo com os problemas humanos.

Para observar esse equilíbrio nas organizações, baseei-me nos modelos de Peter Vaill (1989), cujos componentes organizacionais são o econômico, o tecnológico, o público, o sociopolítico e o moral/espiritual, e nas quatro ordens do modelo de administração de Jack Hawley (1993), consistindo em cabeça, coração, corpo e espírito, a fim de identificar cinco dimensões do trabalho:

1. *Física:* ocupada com os problemas da vida física, tais como edifícios, equipamentos, conforto, segurança e pagamento adequado.

2. *Intelectual:* inclui a inteligência coletiva de empregados, seu contínuo esforço por desenvolvimento e aprendizado, bem como habilidades para usar efetivamente os recursos disponíveis, planejar de forma produtiva e estar na crista da onda.

3. *Emocional:* envolve o ambiente de trabalho entre as pessoas, o modo como se dão umas com as outras e como podem efetivamente ser uma equipe. A pesquisa mostra que equipes eficientes comumente precisam de membros envolvidos com habilidades do *processo* de ajudar, ouvir, retorno positivo e ausência de defensividade, todas as quais requerem membros com desenvolvimento emocional maduro.

4. *Volitiva:* o desejo de mudar para melhor. Podemos saber que outro comportamento seria mais saudável, mas podemos ter falta de vontade para mudá-lo. Um psiquiatra escreveu que a coisa mais difícil para seus pacientes não era mudar, mas *decidir* mudar. Existindo a vontade, a mudança era relativamente fácil.

5. *Espiritual:* envolvido com os problemas morais, tais como justiça e respeito, e trabalhando pela empatia. Compreende cada membro como um ser humano único, uma alma sagrada, com dignidade.

O modelo mostra a necessidade que cada sistema tem de ser razoavelmente bem desenvolvido em todas as cinco dimensões, se os níveis máximos de produtividade e eficiência forem desejados. Cada uma das cinco dimensões é necessária, embora programas de transformação bem elaborados, apontando para uma ou mais dessas dimensões, certamente tenham um papel válido em promover maior eficiência organizacional nessas áreas. Muitos recursos e bons livros estão disponíveis para ajudar os administradores a instituir uma ampla variedade de programas de mudança. Neste livro, nos ocuparemos apenas de uma dimensão – a espiritual – por uma simples razão: ela é absolutamente essencial, embora largamente ignorada no pensamento administrativo.

Embora todos falemos a respeito do que se tem chamado de "O Novo Paradigma" (Ray, 1992), ele freqüentemente abrange apenas duas das cinco dimensões. Em todos os estudos sobre organizações e como melhorá-las, a maior parte da energia se concentra nas duas primeiras dimensões: a física, tal como planejamento do trabalho ou das suas condições, e a intelectual, ou seja, criar trabalho desafiante ou treinar pessoal para receber tarefas ou responsabilidades de uma forma diferente. O trabalho, no entanto, também é uma experiência emocional, um conceito muito freqüentemente esquecido em livros de administração (Tichy e Sherman, 1993). Poucas filosofias de transformação apontam os aspectos volitivos do trabalho. Mas, virtualmente, nenhuma lida com os aspectos emocionais e espirituais. E essa, creio eu, é a razão pela qual tantas tentativas de transformação malogram. O alicerce dos problemas que as tentativas de mudança encontram reside na confiança. As pessoas não abraçarão verdadeiramente a mudança a menos que confiem nas pessoas que a criaram. Se as pessoas não acreditarem que a nova iniciativa é honesta, legítima e valiosa, quaisquer mudanças que forem implementadas não serão permanentes. O elástico irá responder bruscamente, afligindo espíritos enquanto a mudança é feita. Sem fé, tudo o mais que você fizer será apenas energia desperdiçada.

Fé, responsabilidade pessoal, dignidade, integridade e respeito: todas essas questões estão na *alma* da organização. Para nos dirigirmos à alma de uma organização, devemos olhar particularmente na terceira e na quarta dimensões do trabalho – emocional e espiritual. Enquanto não o fizermos, continuaremos a achar que muitos dos recursos que estamos derramando na transformação organizacional são realmente desperdiçados.

As Raízes do Amor

A própria idéia de se concentrar nos recursos espirituais em organizações é assustadora e confusa para muitos. Para essas pessoas, ofereço a seguinte analogia: a organização moderna pode ser vista como uma árvore, com raízes no solo e galhos estendendo-se do tronco e carregando folhas e frutos (ver Figura 2.1).

As raízes, a parte que garante à árvore a água e os nutrientes necessários, são as qualidades *espirituais* (tais como justiça, respeito, dignidade e capacidade de amar), que, na maior parte, não são vistas. Elas formam o alicerce da filosofia da organização e de suas políticas, em áreas como administração de recursos humanos (recrutamento justo e eqüitativo, remuneração e programas finais, bem como negociação respeitosa com sindicatos), desenvolvimento dos recursos humanos (equipes auto-administradas, atribuição de poderes e programas de desenvolvimento da diversidade), ética (negociações comerciais e estratégias de *marketing* e cuidados com o ambiente), relatórios de obrigações, valores (importância dos empregados e da sua evolução, energia dada para ser um "bom cidadão", contribuição para a arte e as organizações sociais). Se as raízes são pequenas, fracas ou de alguma forma estão danificadas, a árvore (a empresa) não pode receber a alimentação adequada, por isso, não pode atingir seu potencial, e é mais vulnerável a traumas ambientais, como tempestades, tornados ou enchentes (condições econômicas caóticas).

O alcance das raízes determina a capacidade *volitiva* da árvore, seu desejo de estender-se e expandir-se (nas organizações, de inovar e adaptar-se), pois quanto mais fundo e largo se estendem as raízes, maiores são os riscos que os galhos podem correr. A difusão da influência das raízes é manifesta no fluxo de alimentação vital por toda a árvore, sob a forma de seiva, que representa o amor e avalia a comunicação e a união com as outras partes da árvore (organização). Ainda que as raízes e a seiva sejam invisíveis para a vista normal.

O aspecto emocional da árvore é o seu tronco, que forma a base do alicerce da árvore na dimensão situada acima da terra. Imagine uma organização com relações sociais insatisfatórias, na qual os trabalhadores não gostam uns dos outros e não querem trabalhar juntos, ou uma organização na qual alguns grupos conspiram contra outros, sabotando e minando sempre que possível. Um ambiente nocivo como esse não iria tender ao bem-estar geral e ao desenvolvimento da organização e, certamente, não seria útil para o avanço da qualidade intelectual da empresa como um todo.

Figura 2.1 As Raízes do Amor nas Organizações

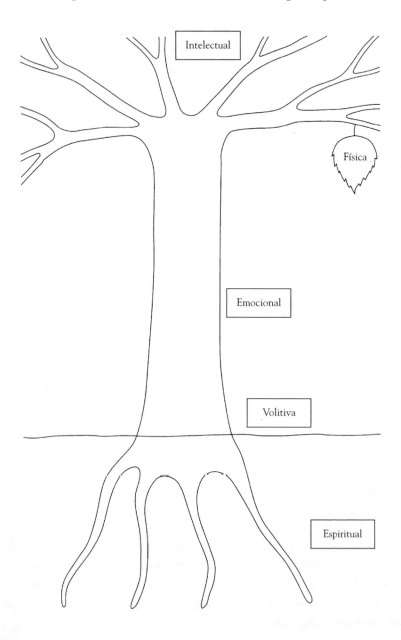

Peter Senge (1990) e outros nos dizem que essas atitudes e comportamentos são uma maldição para o clima de aprendizado de uma organização, que também conta excessivamente com o desenvolvimento *intelectual* da organização, visto nesta analogia como os galhos. À medida que a empresa aprende mais, ela desenvolve competências e inova, seus galhos podem se estender mais, espalhando sua influência. Os ramos mais distantes ganham mais oportunidades para serem expostos à luz do sol (o mercado), que junto com o alimento fornecido pelas raízes é outra fonte vital de alimentação para a árvore. Não importa como uma empresa seja fundamentada espiritualmente: se ela não for íntima do seu mercado e não tiver uma posição positiva nele, o empreendimento não poderá ser bem-sucedido.

Finalmente, as folhas das árvores são as condições *físicas*, são as mais visíveis para os empregados e o mundo exterior. Incluem prédios e espaços de trabalho decentes e seguros, boa fluência do trabalho e justo retorno, por meio de salários, bônus e outros estímulos, bem como o bem-estar financeiro global da empresa. Como são as folhas que criam a fotossíntese necessária com a luz do sol, elas devem ser sadias e abundantes para que a árvore seja sadia.

Em resumo: uma empresa bem-sucedida não só precisa de uma sólida base espiritual, mas também de tarefas bem planejadas, boas condições de trabalho e remuneração motivadora – tudo isso depende do bem-estar financeiro da empresa para ser plenamente realizado. Quando isso acontece, um dos últimos objetivos da empresa pode ser alcançado: gerar produtos de qualidade ou serviços de interesse para os clientes.

Os administradores podem preferir acreditar que as necessidades espirituais de amor, justiça, respeito, confiança e dignidade não são importantes. Afinal, tal como as raízes da árvore, elas são invisíveis em circunstâncias normais. O lucro e o balanço de perdas, o típico critério máximo financeiro e os rendimentos dos acionistas é que são considerados as questões a ser resolvidas.

A abundância e o verdejar das folhas são fáceis de se ver e de se medir (a dimensão física), tal como a robustez e a extensão dos galhos (a dimensão intelectual); desse modo, os administradores sabem que a saúde destas duas dimensões é essencial para o sucesso da organização. Mas, se as raízes podem secar e apodrecer, mais cedo ou mais tarde os galhos e as folhas também mostrarão sinais de fraqueza, fazendo com que haja menos fotossíntese. Posteriormente, a árvore declina e finalmente morre. As árvores mais velhas e maiores demoram um tempo maior para a morte definitiva do que as árvores mais jovens e menores. Elas vivem até o fim a saúde acumulada no interior da árvore, até que se consuma, também.

Levando adiante a analogia com a árvore, o jardineiro ou o guarda da árvore devem ser considerados. A maioria das organizações é iniciada e desenvolvida com algum propósito, algum comportamento pensado, com algo em mente. Elas não são "árvores selvagens", crescendo acidentalmente porque aconteceu de uma semente ser plantada naquele lugar. Pelo contrário: muitas organizações poderiam ser consideradas árvores num pomar, plantadas com o propósito de carregar algumas frutas e, talvez, oferecer beleza. Tanto os empreendedores como os administradores das empresas mais antigas têm a tarefa de desenvolver e alimentar sua empresa, tal como o jardineiro cuida do pomar. Mais do que deixar a empresa crescer ou morrer, por seleção natural, um bom administrador propositadamente aplicará métodos, técnicas e estratégias para fazer com que a organização tenha mais sucesso.

O jardineiro precisa selecionar deliberadamente os nutrientes adequados e as condições; assim, a árvore não apenas sobreviverá, mas também prosperará. Esses nutrientes e condições devem incluir irrigação (ajuda de banqueiros ou consultores), pesticidas (estratégias decisivas para aumentar a ação do mercado) ou grande quantidade de calor durante o período de gelo (empréstimos de emergência ou grandes doses de cuidado nos tempos de insegurança). Os jardineiros também se utilizam do amor e do carinho para alimentar suas árvores. Pesquisas com plantas têm mostrado que as que receberam pleno amor daqueles que cuidam delas realmente cresceram melhor (Tart, 1985).

A analogia com a árvore sugere que a organização se encarrega de sua própria vida e torna-se em grande parte incontrolável pelo administrador (guarda da árvore). O que o administrador/guarda pode fazer, no entanto, é criar um ambiente que seja mais hospitaleiro à saúde da árvore, ou, de modo oposto, criar condições que causem a enfermidade ou mesmo a morte. Ao dar os nutrientes adequados para assegurar o vigor das raízes (ou seja, alimentando tanto a espiritualidade e o amor quanto a volição), o administrador/guarda aumenta as chances de crescimento final sadio da árvore.

Ao assegurar a saúde das raízes, as oportunidades de sobrevivência aos traumas também aumentam. Quanto mais fundas forem as raízes, mais a árvore poderá suportar furacões e tornados. Organizações que enfrentam redemoinhos e desafios com a perda da ação do mercado, competição arriscada, suspensão de produtos, perda de produtividade, poucas inovações e executivos corruptos, podem, se as raízes (o amor e a espiritualidade) forem fundas o bastante, suportar o mais difícil dos desafios.

Mesmo sem raízes profundas, uma organização pode sobreviver, cuidando de que nenhum trauma apareça. Ou, se existirem traumas, quando a organização é escorada de forma artificial (como uma árvore sendo sustentada por vigas de aço) pela proteção dos clientes, pela proteção governamental (cobrindo suborno e corrupção) ou pela infusão de subsídios governamentais, ela ainda pode sobreviver. Há vários exemplos de empresas aéreas sendo salvas da falência por infusão de fundos governamentais. A vida artificial é um suporte na medida em que essas infusões puderem esconder uma multidão de pecados de algumas empresas. Nessas condições, no entanto, dificilmente elas serão viáveis e não alcançarão seu pleno potencial.

A união é importante para que a árvore funcione bem. Todas as partes da árvore devem ter um objetivo comum. Se apenas o tronco e as raízes pudessem decidir sobre os diferentes passos do crescimento, não seria necessário que a árvore como um todo o fizesse. Da mesma forma, a humildade é necessária para as várias partes da árvore. As folhas não são mais importantes para a árvore do que as raízes, ainda que as folhas pudessem argumentar que sem elas a árvore não poderia se utilizar da luz do sol. Por outro lado, sem raízes sadias as folhas também não poderiam florescer.

O olho não pode dizer para a mão: "Eu não preciso de você", nem a cabeça dizer aos pés: "Eu não preciso de vocês." Pelo contrário, as partes do corpo que parecem as mais fracas são indispensáveis... pois, se um membro sofre, tudo sofre.

— 1 Coríntios 13:21-22, 26

O que serve para a árvore serve para a organização. Todas as partes devem trabalhar juntas, em união, cada união tendo um sentimento de humildade com relação às outras uniões. Sem isso, a empresa não pode prosperar.

Ela também não pode prosperar sem sensibilidade e sem o sentimento do serviço ao ambiente. Como parte de sua vida, uma árvore absorve o dióxido de carbono e dá em troca oxigênio. O ecossistema depende desse oxigênio e, ao mesmo tempo, da remoção do dióxido de carbono pelas árvores. Assim, a árvore deve sua existência à inter-relação com o ecossistema, ao seu serviço, em certo sentido, pelo ambiente. O mesmo não se dá com uma empresa, que existe apenas como parte de um ambiente simbiótico, em que cada parte ajuda as outras?

Interação das Cinco Dimensões

Se as cinco dimensões do trabalho estão bem-desenvolvidas numa organização, as chances de sucesso e prosperidade para a empresa são bem altas. As empresas que são mais bem-sucedidas tenderão a ser equilibradas em todas as cinco dimensões e trabalharão para melhorar continuamente cada uma delas. Não se pode dormir à sombra dos louros nos dias atuais dos negócios.

Mas o que acontece quando as cinco dimensões não estão em harmonia? Quando uma ou duas são desenvolvidas às custas de outras? Ter alguma das cinco fora de equilíbrio pode ser nocivo. Alguns resultados desse desequilíbrio são analisados aqui.

- *Dimensão material desproporcionalmente desenvolvida:* nesse cenário, os proprietários ou administradores tiram vantagem do sucesso inicial da empresa e, essencialmente, abusam de suas riquezas. Eles precisam justificar a si mesmos e aos outros, chamando a empresa de uma "vaca de dinheiro", que está pedindo para ser ordenhada. Aqui, os administradores estão mais interessados no seu bem-estar material do que no futuro bem-estar da empresa ou dos seus empregados. Uma vez que nenhum objetivo é alcançado no sentido de satisfazer às necessidades mais profundas, os esforços são feitos para reduzir o vazio resultante por meio de mais e mais progresso material – maiores lucros e ação de mercado, maiores salários e bônus e ambientes cada vez mais opulentos. Esse cenário acontece às vezes na terceira ou quarta geração de um negócio de família bem-sucedido, quando os herdeiros não têm o mesmo compromisso com o produto ou com a empresa que tinham os fundadores.

- *Dimensão intelectual desproporcionalmente desenvolvida:* nessa empresa, o poder repousa principalmente nas mãos das mentes mais brilhantes, em especial daqueles que sabem como usar sua destreza para maximizar sua posição na organização. A arrogância intelectual e o desrespeito àqueles percebidos como levemente menos afortunados intelectualmente se apresentam como parte pronunciada da cultura. Uma quantia excessiva de tempo e energia é gasta mostrando colegas em competição pela posição de "o mais brilhante". Há uma grande preocupação de que a empresa seja capaz de sobrepujar sua competição externa, mas a arrogância interna diminui o sucesso desses esforços. Infelizmente, parece ser essa a situação em muitas universidades, onde muitos professores desenvolveram o intelecto à custa de suas capacidades sociais e emocionais. Publicações analíticas e brilhantes, cheias de análises estatísticas meticulosas, convivem com mentes que julgam os colegas de acordo com os padrões intelectuais restritos dos números de uma publicação, em vez de se utilizar de uma visão holística e humana de contribuição total. Tenho visto com freqüência pessoas capacitadas, competentes e sagazes serem substituídas por pesquisadores arrogantes mas prolíficos.

• *Dimensão emocional desproporcionalmente desenvolvida:* sentir-se bem, estar feliz, ter um trabalho interessante e estar em harmonia com os colaboradores são os objetivos mais importantes desse tipo de empresa. A execução real dos objetivos é secundária à felicidade. Os trabalhadores estão excessivamente preocupados com quaisquer tarefas que precisem de esforço demais ou que levem ao *stress*. Nessa empresa, os colaboradores passam voluntariamente as horas de folga juntos e há muitos eventos sociais patrocinados pela empresa. Às vezes, esse cenário se desenvolve em empresas estatais, onde os objetivos de produtividade podem ser, na melhor das hipóteses, imprecisos e onde a estabilidade no emprego (uma proteção emocional) é freqüentemente a principal prioridade dos trabalhadores.

• *Dimensão volitiva desproporcionalmente desenvolvida:* eis uma organização ávida por transformação. Qualquer novidade é abraçada com fervor e devoção. A tradição e os velhos costumes são vistos como nocivos e evitados a todo custo. Os membros da organização têm muito entusiasmo, mas muito desse entusiasmo é dissipado, pois as energias não são concentradas. Muitos projetos de valor são iniciados, mas poucos são concluídos.

Um hospital para o qual trabalhei é um exemplo desse tipo de empresa. A cada seis meses, era feita uma nova mudança ou reorganização e, depois de alguns poucos anos, realmente aceitei isso como parte de sua cultura. Um de meus antigos colegas foi posteriormente contratado como administrador. Quando eu lhe perguntei como estava indo em seu emprego, ele respondeu: "Oh! É bem estressante!

Estamos passando por uma grande e importante reorganização." Quando eu lhe disse que sempre havia uma reorganização acontecendo, ele me pareceu descontente com o meu comentário. Afinal, se o que eu disse fosse verdade, seu trabalho atual em seis meses se tornaria inútil.

- *Dimensão espiritual desproporcionalmente desenvolvida:* esse ambiente é mais difícil de ser encontrado do que algumas das situações antes examinadas. No entanto, poderíamos imaginar uma organização na qual os trabalhadores estivessem muito preocupados em descobrir verdades universais, discutindo essas filosofias com os outros e dando uma contribuição significativa à comunidade. Os objetivos econômicos da empresa estariam subordinados aos objetivos sociais. Essas pessoas teriam intenções maravilhosas, mas talvez sem os recursos materiais, a capacidade intelectual ou a estabilidade emocional para realizar seus bem-intencionados ou mesmo louváveis projetos. Os empregados e os administradores, quando confrontados com dificuldades, diriam com freqüência uns para os outros: "Não se preocupe! Deus tomará conta de nós. Temos de ter fé." Ao mesmo tempo, eles não considerariam a segunda parte do conselho de Maomé: "Acredite em Deus, mas amarre o seu camelo." Às vezes, nem chegariam a ter uma missão definida. Não importa quão competente ou bem-intencionado seja um grupo; ele precisa de um objetivo para ser eficiente.

Mudança Organizacional

Podemos deitar os olhos nas cinco dimensões do trabalho a fim de ajudar a entender como tornar mais efetiva a mudança organizacional. Existem diferentes preocupações em cada dimensão, mas igualmente importantes. Na dimensão física, as condições de trabalho e os retornos extrínsecos são acentuados; na dimensão intelectual, é dada a ênfase no aprendizado e no desenvolvimento; na dimensão emocional, apoio e apreço são prioridades; na dimensão volitiva, o enfoque se dá na inovação e na transformação; e na dimensão espiritual, a preocupação é com a integridade, a nobreza, a reciprocidade e o amor.

O Quadro 2.1 mostra as cinco dimensões organizacionais e como cada uma se refere à mudança organizacional (os níveis "mais elevados" estão por último para corresponder com a analogia da figura da árvore).

Muitas tentativas de programas de mudança analisam conceitos como planejamento do trabalho, retornos extrínsecos, qualidade, inovação e trabalho mais desafiante, todos eles pertencentes às dimensões um e dois. Alguns programas lidam com assuntos das dimensões três e quatro, tais como relações de apoio e respeito e necessidade de mudança, mas poucos se dirigem aos princípios da dimensão espiritual, tais como integridade, confiança, nobreza e justiça.

Avaliando o Equilíbrio

Como os administradores fazem para criar equilíbrio em suas organizações? O primeiro passo é observar a empresa e tentar perceber claramente onde ela se situa com relação às cinco dimensões — tirar a temperatura da organização, por assim dizer.

O Quadro 2.2 arrola algumas perguntas que os administradores podem se fazer, a fim de avaliar sua organização. As perguntas que não estão marcadas com um asterisco avaliam os elementos positivos da organização e as perguntas marcadas com um asterisco avaliam os elementos negativos. Para computar suas respostas a essas perguntas, conte quantos elementos positivos foram percebidos como adequadamente dirigidos; depois, conte quantos assuntos negativos foram respondidos com um "sim", e então determine que porcentagem de elementos em cada dimensão foram percebidos como positivos e quantos foram percebidos como negativos. Você pode achar, por exemplo, que sua empresa vai bem materialmente 85% do tempo, mas emocionalmente ela só é 40% eficaz. Por favor, lembre-se de que essa não é uma medição científica, dando apenas uma idéia geral de como anda a sua organização.

INDO EM BUSCA DO EQUILÍBRIO   57

As perguntas no quadro referem-se aos sintomas de desequilíbrio, tais como crises financeiras regulares, altas taxas de circulação de mercadorias ou produtos, um ar de cinismo, calúnia, problemas alcançando o prazo final e assim por diante. As indicações de que esses problemas existem são quase sempre evidentes, mas apenas se quisermos percebê-los e aceitar a mensagem que nos está sendo dada. De igual

Quadro 2.1.
Mudança Organizacional nas
Cinco Dimensões do Trabalho

Dimensão	Transformação Organizacional
1. Física	Planejamento do trabalho Condições de trabalho Retorno extrínseco de dinheiro, bônus Bem-estar financeiro da empresa
2. Intelectual (Grande parte da mudança organizacional se dá nas duas primeiras dimensões)	Trabalho desafiante Treinamento para ver o trabalho de forma diferente Ênfase na qualidade Inovação e criatividade Novas responsabilidades Oportunidades de aprender e evoluir Ambiente em que há liberdade para errar
3. Emocional (Uma pequena parte de programas de treinamento e mudança lida com essa dimensão)	Relações de trabalho baseadas no apoio Relação de respeito mútuo com o chefe Apreço pelo trabalho feito
4. Volitiva (A atenção aqui é dada à resistência à transformação e ao sacrifício)	Desejo de mudança Vontade de fazer os sacrifícios necessários Níveis mais altos prontos para a mudança e para os sacrifícios também
5. Espiritual (A mudança organizacional neste nível é bem rara, já que é necessário trazer saúde a longo prazo para a empresa)	Capacidade e desejo de amar Integridade, confiança e respeito em todas as partes da organização Justiça em todos os níveis Nobreza e dignidade dos trabalhadores aceitas Sabedoria do Amor: amai aos outros como a vós mesmos

Quadro 2.2
Perguntas para Examinar as Cinco Dimensões do Trabalho

Material
1. Sua empresa opera principalmente no vermelho?
2. Você está em crise financeira contínua?*
3. Você tem recursos para pagar decentemente seus empregados? (Não se pergunta se você *realmente* os paga, mas apenas se você *poderia*.)
4. Há diferenças de remuneração muito grandes entre o topo e a base? São crescentes?*
5. A velocidade da movimentação de pessoal é muito grande?*
6. Os lugares de trabalho (fábricas, escritórios) são limpos, confortáveis, bem mantidos e adequadamente mobiliados?
7. O equipamento usado é moderno, eficiente e seguro?

Intelectual
1. Seus engenheiros, técnicos e outros acompanham a tecnologia de ponta?
2. Você gasta os recursos apropriados a fim de mandar pessoal para estudos complementares ou para conferências profissionais importantes?
3. Você está gastando em educação complementar como uma porcentagem de vendas progressiva?
4. Seus empregados têm permissão para adquirir material de consulta, livros, jornais e revistas, que os ajudarão a aprender mais a respeito de suas tarefas e do ambiente?
5. Você gratifica empregados que continuam a aprender?
6. O pessoal está feliz em aprender (em vez de ter sido forçado a isso)?
7. Outras organizações respeitam a instrução de seus empregados?
8. Você respeita a instrução de seus empregados?
9. Falta aos empregados a competência necessária para completar os projetos adequadamente e a tempo?*

Emocional
1. Parece que há níveis altos de satisfação com o trabalho?
2. As pessoas gostam de trabalhar umas com as outras?
3. Os empregados gostam uns dos outros?
4. Há um número desproporcional de problemas com depressão, alcoolismo e explosões freqüentes, violentas mesmo?*
5. Em reuniões, os empregados se comportam defensivamente ou com jogos de poder?*
6. Os empregados têm medo de trazer à baila o que realmente sentem durante as reuniões?*
7. Existe uma preocupação constante de "não aborrecer o patrão"?*

Volitiva
1. Existe a vontade de procurar novas maneiras de fazer as coisas?
2. Você ouve raramente "Isto não funciona" ou "Isto é impossível de se fazer"?
3. Há um nível alto de energia nos novos projetos?
4. Os empregados colocam energia para manter o *status quo*?*
5. Os novos programas encontram muitas queixas e muita resistência?*

Espiritual
1. Há aceitação e adoção da integridade entre colaboradores e patrões?
2. Os empregados confiam uns nos outros? Eles confiam na administração?
3. Os empregados se sentem explorados ou tratados injustamente?*
4. Os clientes esperam e adquirem produtos de qualidade?
5. O cinismo é comum entre os empregados?*
6. Os empregados ajudam uns aos outros com prazer?
7. Há muita calúnia?*
8. Existem lutas políticas? Intrigas políticas? Postura política?*
9. Há uma abertura para comunicação que conta com um grau profundo de confiança e compromisso?
10. Os empregados dizem coisas diferentes de acordo com as pessoas com que se comunicam?*
11. Existe uma integração entre "teoria" e "prática" (ou seja: os administradores praticam aquilo que pregam?)
12. Os grupos podem discutir problemas e lidar com conflitos de uma maneira competente e honrada?
13. Existe "espírito" de servir aos outros, aos clientes e aos fornecedores?

Nota: * indica os pontos negativos.

forma, na nossa vida pessoal geralmente temos indícios de que ela está sem equilíbrio. Para mim, o desequilíbrio se mostra em compromissos esquecidos, quando sou bruta com minhas filhas e colegas e sonho acordada em longos períodos de inatividade. Para um administrador, os sintomas que indicam a falta de equilíbrio numa pessoa devem ser um aumento no conflito entre as pessoas em casa e no trabalho, trabalhar um número maior de horas com produtividade menor e cancelar habitualmente compromissos pessoais ou o tempo com a família.

Afastando-se do "ou"

Por estarmos tão acostumados a nos preocupar com o crescimento material e intelectual de nossas organizações, não conseguimos compreender as forças que poderiam ser desencadeadas se apenas tivéssemos em equilíbrio as dimensões espiritual e emocional da organização.

Precisamos passar a um nível mais elevado de reflexão do que o caracterizado pelo pensamento de que podemos ter amor *ou* disciplina, entusiasmo *ou* produtividade. Collins e Porras (1994) chamam essa atitude de "Tirania do OU", a qual proclama que podemos ter criatividade

OU controle, resultados a longo prazo OU a curto prazo. Eles descobriram que empresas por demais visionárias têm a capacidade de operar com paradoxos, de seguir o "Gênio do E" e compreender como se pode ter ambos os lados das contradições aparentes: criar riqueza para os acionistas E fazer o bem para o mundo, ser pragmático E ser guiado por valores, ser visionário E ser orientado por coisas sem grande valor. Eles não estão falando de um ponto médio de equilíbrio entre dois opostos, mas de uma integração sinergética de dois conceitos importantes.

Como consultora de negócios, Jan Nickerson diz: "Minha palavra favorita é *ambos*" (Liebig, 1994, p. 112). Ela diz que quando trabalha com grupos, tenta tirá-los da visão hesitante do equilíbrio para uma visão das dimensões como partes do signo do infinito (Jan Nickerson, comunicação pessoal, janeiro, 1996). Por exemplo: você pode ter tanto lucros como uma força de trabalho espiritual. O que uma força de trabalho espiritual pode gerar? – ela pergunta. Que todo o pessoal vá ao trabalho. E o que os lucros podem gerar? Um ambiente que permita que o espírito se expresse. Olhando a partir do infinito, e não a partir daquilo que é oscilante, não existe OU; só existem AMBOS.

Tom e Kate Chappell (1993), fundadores e líderes da Tom's of Maine, Inc., trabalharam princípios puramente espirituais e, ao mesmo tempo, são naturalmente bem-sucedidos. De 1985 a 1993, tiveram um crescimento anual coerente em vendas e lucros de 25%; depois de uma depressão em 1994, mostraram uma impressionante reviravolta e as vendas aumentaram em 1995. Tom afirma que "os resultados finais de um negócio feito com alma são, creio eu, um novo tipo de capitalismo, um modo de fazer negócios que pode analisar e fazer estratégias, mas sempre com um olho no bem comum. Se você experimenta uma vez esse novo jeito de fazer negócios, se você compreende como é maravilhoso administrar tendo em vista o lucro e o bem comum, você vai querer mais. Bondade gera bondade" (Chappell, 1993, p. 214).

Nos próximos capítulos, examino como certas condições aparentemente opostas podem existir juntas e realmente criar um todo mais sadio. Uma empresa pode ter união E pensamento independente. Pode haver amor E trabalho produtivo, bem como amor E tecnologias de administração. Uma empresa pode ser espiritual E rentável.

O espírito e o corpo carregam fardos diferentes e exigem atenções diferentes. Com freqüência colocamos alforjes em Jesus e deixamos o jumento correr à solta no pasto.

Não deixe o corpo fazer aquilo que o espírito faz melhor e não carregue o espírito com um fardo tão grande que nem o corpo poderia carregar facilmente.

— Rumi, 1988, pp. 70-71.

Capítulo Três

O Amor e as Virtudes da Nova Administração

"Atos de amor, ternura e compreensão podem mudar o mundo."
— *Vinson Brown*

"A virtude é sua própria recompensa."
— *Marco Túlio Cícero, cerca de 50 a.C.*

Nos últimos anos, tem sido dada grande atenção ao paradigma da nova administração. Conhecemos bem as palavras, mas nem sempre sabemos como alcançar o que elas querem dizer: visão, delegação de poderes, responsabilidade, compromisso e direcionamento ao cliente. Este capítulo apresenta a idéia, talvez radical, de que esses objetivos são alcançados por meio do amor e da espiritualidade.

A maioria das mudanças do velho paradigma para o novo envolve a mudança para uma base mais espiritual. Para muitos administradores e teóricos da administração, há um novo modo de ver as coisas. No entanto, uma vez que abrimos nossa mente à perspectiva da espiritualidade, isso fica mais nítido: todos os conceitos da nova administração enfeixados sob o nome de "novo paradigma" são, em sua essência, manifestações exteriores de administradores que agem com a Sabedoria do Amor. Elas constituem um pacote de comportamentos, atitudes, decisões e políticas que refletem a essência espiritual da organização. São as versões no ambiente de trabalho das virtudes espirituais.

Essas virtudes são discutidas tanto em escritos antigos como nos modernos; por isso, não se trata de novos conceitos. Mas, por não terem sido muito exploradas pelo pensamento administrativo ou pela literatura, eu as denominei Virtudes da Nova Administração. São as seguintes:

1. Confiança
2. União
3. Respeito e dignidade
4. Justiça
5. Serviço e humildade

Tais virtudes da administração formam o alicerce filosófico e espiritual de muitos dos conceitos da nova administração (o Quadro 3.1 mostra como elas se relacionam e os possíveis resultados no comportamento). Essas virtudes não são ideais inatingíveis, impraticáveis no mundo real; elas provaram que são eficientes em fazer as organizações trabalharem melhor.

Confiança

Durante os quatro anos em que estive na República Tcheca, lecionei programas de treinamento de administração, tanto nesse país como em outros do antigo bloco soviético. Entre outras coisas, ensinei ética nos negócios. Uma reação comum durante essas reuniões era: "Oh! Você é apenas uma dessas ocidentais ingênuas. Você não entende o nosso país, a nossa cultura. Aqui nós fazemos as coisas de forma diferente. E mais: agora nós *temos* que trapacear e mentir para nos emparelharmos com o Oeste. Mas, uns cinco anos depois de alcançar o seu nível de desenvolvimento econômico, poderemos ser honestos."[1]

Quadro 3.1. As Virtudes da Nova Administração Como Princípios para as Práticas Administrativas

Virtude da Nova Administração	Conceito da Administração	Resultados Quanto ao Comportamento
Confiança	Administração/ Responsabilidade da Administração	Os administradores demonstram honestidade Clientes e funcionários acreditam na integridade e não ocorrem escândalos nem mau uso do dinheiro Comportamento ético
União	Criar pontos de vista partilhados por todos Compromisso Reciprocidade	Unanimidade nas decisões importantes Satisfação dos clientes ROI, como único método para avaliar desempenho Controle administrativo para treinamento Consultas quando se tem uma administração que dá realmente atenção aos subordinados, respeito pela autoridade
Respeito e Dignidade	Outorga de poder Decisões consensuais Liderança com compromisso	Enriquecimento do trabalho Sistemas sociotécnicos Solução de problemas concentrada no grupo Equipes com administração própria O administrador como mentor, instrutor Uso de um esforço arbitrário
Justiça	Participação nos lucros Oportunidades iguais	Direitos, bônus Remoção de barreiras para dar oportunidades iguais
Serviço e Humildade	Orientação dos clientes Luta pela qualidade Partilha do poder; desenvolvimento dos subordinados dotados de talento	Qualidade: o ponto de vista dos clientes; maneira de tratar sistemática, visando a compreensão e a satisfação da clientela interna e externa Aperfeiçoamento contínuo Objetivo: falha zero Mentalidade de serviço: aprender a ser um servidor

Durante esse mesmo período, no entanto, depois de trabalhar com administradores de muitos outros lugares, incluindo a Ásia, descobri um conceito igualmente universal: a confiança. Todos os administradores com quem falei, dos vários países em que trabalhei, concordaram que fazer negócios é impossível sem estabelecer confiança entre fornecedores e clientes. Yang, da China, me disse: "Você não irá muito longe no começo, pois temos de perceber se podemos confiar. Mas, uma vez confirmado, faremos negócios com você até o resto da sua vida." A confiança, consequentemente, parece um fio condutor nos negócios em toda parte do mundo, mesmo em países que não são governados por um "código de leis".

Agora, temos de descobrir de novo o fato de que nós – todos juntos – somos seres humanos e precisamos nos esforçar para conceder ao outro a capacidade moral que temos. Somente assim poderemos começar a acreditar que, tanto nos outros como em nós mesmos, surgirá a necessidade de um novo espírito, que pode ser o começo de um sentimento de confiança mútua com relação a cada um.

— Albert Schweitzer, 1958

A confiança se torna o alicerce sobre o qual são baseadas todas as outras virtudes. Sem a expectativa de veracidade, sem nenhum crédito, as outras virtudes ou comportamentos adequados tornam-se sem sentido. Qual é o proveito de se ter um sócio gentil, atencioso e prestativo que pode nos enganar amanhã? Ou um parceiro de negócios charmoso, carismático, mas que mente? Ou um bom ouvinte que nos difama depois? Por ser o alicerce de todas as outras virtudes, a confiança é mais vulnerável: uma vez rompida, todas as outras virtudes também estão perdidas.

A confiança requer integridade e honestidade, que às vezes podem ser atos de coragem. A boa liderança é baseada na honestidade, tanto nos bons como nos maus eventos ou retornos, mesmo quando ela causa danos. A abertura é importante, mesmo que seja para coisas desagradáveis. Se essa abertura ocorre, os trabalhadores podem suportar bastante. Jim Wilkerson, diretor de recursos humanos da ABB

Vetco Gray, diz: "Estou sempre pasmo com a capacidade dos empregados de sofrer quando seus chefes são abertos e estão sofrendo também" (comunicação pessoal, 1995).

Poder e Controle

Um novo tipo de pensamento é necessário para obter os resultados de que falamos a respeito. Mudanças na participação e no envolvimento do trabalhador não ocorrerão, a despeito do hábito de nivelar as estruturas organizacionais, enquanto os administradores continuarem a pensar hierarquicamente (Osterberg, em Liebig, 1994). Sem esse pensamento, os administradores não estariam mais controlando e dando ordens, mas, pelo contrário, estariam coordenando recursos e processos e garantindo que os empregados tivessem oportunidades que testassem e desenvolvessem o seu potencial. Administradores bem-sucedidos compreendem que sua responsabilidade não é a de controlar pessoas, mas sim a de controlar resultados (Watkins e Marsick, 1993).

O uso mais reconhecível do poder em organizações é o do poder político, ou a capacidade e o desejo de influenciar os outros por meio de punição, demissão, contratação, gratificação, doação ou negação (Peck, 1993). O poder político não diz respeito ao caráter, mas ao dinheiro e à posição. Ambos são temporários e podem ser perdidos da noite para o dia, tal como tem sido visto não apenas nas quebras da Bolsa de Valores, mas também em desastres de empresas onde os executivos do topo são responsabilizados e demitidos.

No entanto, não é muito comum ouvir algo sobre outro tipo de poder – o poder espiritual – cuja origem é o próprio ser e que nada mais é do que a capacidade de influenciar os outros, sem controlá-los como ocorre no poder político, mas por meio do amor, como um resultado da bondade, da atenção, do humor e da sabedoria – ou do poder da verdade. O poder espiritual desconhece postos. Ele é manifesto tanto no pobre como no rico, em empregados que têm postos altos ou baixos. Os que o possuem não se sentem arrogantes ou vaidosos; antes, ganham uma humildade maior, compreendendo que a verdadeira fonte de poder vem de uma Força Maior, e não de si mesmos.[2]

O poder político vem da ambição, ao passo que o poder espiritual resulta da renúncia e do voltar as costas à ambição. O paradoxo aqui é que, bastando que deixe de lado a ambição, a pessoa pode verdadeiramente alcançar algum poder duradouro. No entanto, se um administrador tiver poder espiritual, ele (ou ela) deverá usar qualquer poder político que lhe for dado, com mais sabedoria, justiça e amor.

As Vendas e a Confiança

O sistema de vendas depende da confiança, entre clientes e vendedores, entre fornecedores e entre fabricantes, banqueiros e empresas. Sem confiança, o sistema inteiro se atrasaria. Por exemplo: se os clientes não tivessem razão para crer que suas compras seriam de qualidade decente e se não tivessem meios de devolver as mercadorias com defeito, imagine como seriam cautelosos em gastar dinheiro com qualquer coisa. Se os fornecedores fossem pagos habitualmente com atraso, e às vezes com menos que a quantia faturada, eles exigiriam dinheiro no ato ou antes da entrega, o que colocaria muitas fábricas numa situação difícil de fluxo de dinheiro. Contamos com um nível mínimo de confiança e honestidade em nossos negócios diários, esquecendo como isso é crucial para que tudo funcione tranqüilamente.

A confiança tem um valor econômico, como demonstra Fukuyama (1995), que pode ser visto mais facilmente se pensarmos na sua ausência. Negocie contratos sempre com a suposição de que a outra parte trapaceará ou não cumpra as obrigações, e você chegará a martelos de 300 dólares e assentos de banheiro de 800 dólares, tal como fez, há não muito tempo, o Pentágono.

A verdade sozinha alcança a vitória(...) O caminho para o Sagrado se faz com a verdade.

— Hindu, *Mundaka Upanishad*,
III, 1-6

O homem, criado por Deus segundo o melhor dos moldes, ainda assim pode cair nas profundezas mais baixas, a menos que leve uma vida de fé e justiça.

— Islã, Corão XCV, 1-8

Contrastando, Hugh Aaron (1994) descreve sua firma de produtos manufaturados feitos sob encomenda e pedidos por telefone. Os produtos seriam necessários para dali um ou dois dias e valiam cerca de milhares de dólares. A palavra do cliente bastou para fazer o pedido. Durante os vinte anos em que Aaron trabalhou com CEO, nenhum cliente desistiu de um pedido. Ele sentia que isso não era nada de mais, pois "sem essa confiança, não seria possível fazer negócio" (p. 10).

Aaron também fala da importância da integridade na prosperidade definitiva da empresa fundada pelo seu pai, que ele continua dirigindo. "O que, afinal, nos fez ter um sucesso tão grande foi o nosso caráter – éramos honestos, confiáveis e trabalhadores conscientes – além do nosso conhecimento de como o mundo funciona e da nossa educação básica" (p. 10).

Benneville Strohecker construiu Harbor Sweets a partir de uma empresa minúscula no porão de sua casa, chegando a um empreendimento de $2.6 milhões de dólares atualmente, em grande parte a crédito. Em vez de analisar a formação dos empregados em potencial, ele os emprega por instinto. Ele faz os empregados preencher os próprios cartões de ponto e dá a máxima flexibilidade para as agendas de trabalho. "Confiança", diz Strohecker, "continua sendo o ingrediente importante em nossas receitas" (Strohecker, 1996, p. 9).

A honestidade é o maior portal que leva à tranquilidade e à segurança das pessoas. Na verdade, a estabilidade de qualquer negócio dependeu e depende dela.

— Bahá'í, Bahá'u'lláh (1978, p. 37)

Senhor, quem pode morar no Teu santuário? (...) O que (...) mantém o seu juramento, ainda que isso o prejudique (...) O que (...) assim proceder, não vacilará jamais.

— Judaísmo/Cristianismo, A Bíblia, Salmo 15: 1, 2, 5

Olhando para a frente, em direção ao ano 2025, depois da Segunda Revolução Industrial, a Resource Consulting Network, uma colaboração entre cinco firmas de consultoria, tinha setenta e cinco administradores, num ambiente em que o amor, a verdade e o espírito eram a norma. A Resource Consulting Network perguntou-lhes quais eram as forças catalisadoras que iniciaram a revolução. Suas respostas dizem bastante a respeito do que querem e do que atualmente está perdido em nossos ambientes de trabalho: "Eu disse: 'Confiem em mim' e eles confiaram." "Eu disse aos meus sócios o que eu quero *para* eles, e não apenas o que quero *deles*." "Eu disse aos meus sócios o que me impede de dizer toda a verdade a eles."

James Autry (1991, p. 123) entende a dinâmica da confiança e da verdade quando diz: "Confie além da razão." Algumas pessoas abusarão disso, mas apenas aquelas que achariam um jeito de tirar vantagem de uma maneira ou de outra.

Faz parte do folclore da empresa Hewlett-Packard (H-P) uma história a respeito de um relatório de armários trancados. Um dia, a diretoria executiva ordenou que todas as fechaduras deveriam ser tiradas dos armários. Em algumas empresas, os administradores ficariam horrorizados de fazer tal coisa, esperando roubos enormes. Mas o executivo da H-P compreendeu a sabedoria e o poder da verdade. Mesmo que algumas coisas fossem roubadas, isso seria mínimo, e a mensagem dada ao resto dos empregados seria bastante forte para tornar valiosa a perda. Hoje, os armários permanecem destrancados e os empregados têm retribuído à expectativa de confiança (George Starcher, comunicação pessoal, 1996).

A integridade não é tipicamente esperada na publicidade. Uma pesquisa de opinião pública do Gallup, realizada em 1995, coloca a publicidade em último entre as profissões éticas, com apenas os integrantes do Congresso e os vendedores de carros usados posicionados abaixo. Uma nova agência de publicidade está disposta a mudar isso. A St. Luke's oferece um modelo completamente novo do que acredita que a indústria deva se tornar: "Publicidade honesta e ética que represente o Papel Total na Sociedade (PTS) de uma empresa (Alburty,

1997, p. 118)." Isso é particularmente manifesto nesta declaração de compromisso corporativo: "O Lucro É Como a Saúde: Você Precisa Dele, Mas Não É Para Ele Que Você Vive." As idéias iniciais para o Papel Total na Sociedade (PTS) de uma empresa devem incluir a visão da própria empresa como uma força para o bem social, com o propósito de "beneficiar a sociedade", onde os lucros são um requisito, e não o objetivo, e onde a empresa deverá ser vista como um "cidadão social creditado" antes de estar apta a vender ou a anunciar produtivamente (p. 122). Essas idéias não podem ser descartadas como se fossem ingênuas, quando são expressas pela agência de publicidade de crescimento mais rápido em Londres, com rendimentos de 72 milhões de dólares no primeiro ano. Embora equipada para o futuro, um pouco da inspiração da empresa pode remontar, milhares de anos, a Aristóteles e ao Evangelho de São Lucas.

Não há soberano melhor que a Sabedoria,
Nem Guardião mais certo que a Justiça,
Nem espada mais forte que a Virtude,
Nem aliado mais seguro que a Verdade.
— Maomé, fundador do Islã[3]

Confiança e Competência

Não nos esqueçamos de que o outro lado da confiança é a competência. Para ganhar a confiança de clientes e fornecedores, uma empresa deve ter integridade, bem como ser capaz de executar o trabalho mais do que adequadamente. A confiança real, então, é a integridade sincronizada com a competência.[4]

Como Criar Confiança

Não é difícil entender e aceitar a importância da confiança no ambiente de trabalho. Nem é preciso ter os grandes poderes da visão penetrante para perceber a necessidade de se tratar os empregados com respeito e dignidade. Mas o que significa, operacionalmente, para a sua organização, criar ou impedir a confiança? Olhar para o comportamento individual é mais desafiante que aceitar o conceito de confiança. Reuniões francas e abertas, por exemplo, em que administradores e subordinados partilhem sentimentos verdadeiros podem levar ao aumento de confiança, ao passo que a retenção de informação produz justamente o oposto. De qualquer forma, segredos organizacionais não costumam continuar secretos por muito tempo. O Quadro 3.2 arrola alguns dos fatores que podem criar ou impedir a confiança em uma empresa, e o Quadro 3.3 pode ser consultado para avaliar que fatores influenciam a confiança na sua empresa.

União

Os principais administradores de 125 empresas européias foram convidados a identificar seus objetivos mais importantes, que depois foram comparados com o sucesso de cada empresa (Hardaker e Ward, 1991). A identificação de fatores críticos do sucesso foi percebida como importante para esse sucesso, embora uma visão partilhada seja igualmente importante. Como explicam Hardaker e Ward, "a técnica requer unanimidade; tudo deve se conciliar rumo à mesma direção" (1987, p. 77). A visão comum era manifesta entre os executivos de empresas bem-sucedidas e ausente nas mais pobres.

A união, enquanto Virtude da Nova Administração, é a base para a visão comum, para a prática em grupo e para a participação universal. Sem união, nenhum desses objetivos é possível. Sem união, a organização é arrasada pela força centrífuga, ou simplesmente pela entropia. Isso estava acontecendo com a Chrysler antes de Lee Iacocca criar uma visão comum, e não apenas salvar a empresa da falência, mas voltá-la para uma aventura bem-sucedida e inovadora.[5]

A falta de união tem sido a raiz do declínio da IBM nos últimos anos, bem como do declínio anterior da General Motors por um longo período (embora ambas, agora sob nova direção, pareçam ter ganho novamente um pouco de sua união original). Muitos executivos estão percebendo agora a importância da união, essa força que se torna mais

O AMOR E AS VIRTUDES DA NOVA ADMINISTRAÇÃO   73

Quadro 3.2. Fatores que Podem Ter Influência sobre a Confiança nas Organizações

	Gera Confiança	Impede a Confiança
Dentro do Meu Controle	1. Temos reuniões semanais, nas quais o grupo é aberto e franco. 2. Meus subordinados partilham comigo das preocupações, angústias, etc.	1. Não relatei ao pessoal as verdadeiras informações sobre a quebra de orçamento para o próximo ano. 2. Às vezes, recebo respostas negativas, divulgando-as em grande número e com muita frustração.
Fora do Meu Controle	1. Espera-se que o pessoal seja honesto no pedido de reembolso, pois não somos rigorosos com o arquivamento de notas.	1. Os executivos retêm informações importantes por muito tempo e os rumores são desenfreados. 2. Há muito controle vindo "de cima", e o pessoal não se sente livre e nem digno de crédito em muitas áreas.

Quadro 3.3. Que Fatores Exercem Influência sobre a Confiança na Minha Empresa?

	Gera Confiança	Impede a Confiança
Dentro do Meu Controle		
Fora do Meu Controle		

evidente quando a vemos em operação. Por exemplo: por que a empresa Wal-Mart tem sido tão bem-sucedida? Uma razão é a união de propósitos e a visão comum que o fundador Sam Walton tem proporcionado para todos os postos e para todos os empregados (Walton, 1992). A mudança da IBM, de uma empresa de máquinas para um gigante mundial dos computadores, deveu-se em grande parte a uma visão profunda e ao sentimento de união que Tom Watson forneceu quando dirigia a empresa, de 1956 a 1971 (Watson, 1990).

A empresa Novell Inc. foi outrora rival da Microsoft Corporation e tão rentável quanto. Mas, depois de adquirir a WordPerfect Corporation em 1994, a fim de tornar-se líder da indústria, a empresa implodiu, devido à falta de união. Executivos da WordPerfect chegaram a ver os principais administradores da Novell como "rudes invasores, equivalentes a Camelot" (Clark, 1996, p. 4). Conflitos repetidos entre os dois grupos resultaram na queda da força de vendas da WordPerfect, condenando seus novos produtos ao monte de poeira do *software* marginal. A briga também distraiu a Novell dos negócios para os quais deveria estar prestando atenção, isto é, fornecer *software* de microcomputadores para redes. Isso deixou um vácuo que a Microsoft ficou bem feliz em preencher.

A importância da união também é vista em outros exemplos. "Reinventando a Diretoria Executiva", um estudo feito em 1989, baseado em dados de mais de 1.500 diretores-executivos e executivos seniores, mostrou que os executivos perceberam a necessidade esmagadora da "importância vital de liderança visionária" (Thompson, 1992, p. 213). Tal liderança inclui antever os objetivos futuros da empresa e inspirar os administradores a alcançá-los (Thompson, 1992), que são as funções unificadoras do administrador. Criar e ganhar aceitação para uma visão unificada é um dos seis temas principais no campo da transformação organizacional (Adams, 1984a). Outro dos seis temas é a liderança, que envolve o alinhamento estimulante com a visão.

A empresa Motorola foi salva pela união. No meio da década de 80, ela estava quase perdendo suas atividades no ramo de telefones celulares para fabricantes japoneses, tal como já havia entregue ao Japão seus negócios no ramo de televisores, aparelhos de som e circuitos de computador. Dessa vez, no entanto, a Motorola decidiu lutar e logrou o envolvimento de seus empregados em todo o mundo com um novo programa de qualidade. Relatórios de qualidade foram trocados, do primeiro ao último, nas agendas de reunião da diretoria, foram impressos em diversas línguas cartões no formato de carteiras de dinheiro, listando os objetivos do programa, e 98.000 funcionários da Motorola celebraram o dia da qualidade em 23 fábricas, em 1989. Qual foi o resultado? Produtos de alta qualidade, ou como um diretor da Fortune 100 disse: "A Motorola é simplesmente o melhor que este país tem a oferecer." Além disso, a Motorola recebeu a mais elevada distinção de negócios, vencendo o Baldridge National Quality Award, em 1988 (Koestenbaum, 1991, pp. 162-163).

A união como pré-requisito para outros resultados positivos é um conceito antigo. O I Ching chinês diz: "Depois de dificuldades consideráveis, o homem concentra suas forças e supera os obstáculos para a união de todos os homens. A tristeza dá lugar à alegria."

O Poder da União

O poder da união é entendido por qualquer um que já tenha trabalhado numa equipe verdadeiramente coesa e que tenha uma visão comum (Senge, 1990). Depois dessa experiência, adquire-se um tal sentimento de energia e de bem-estar que o restante da carreira é gasto procurando o mesmo tipo de ambiente de trabalho. Criar essa união de visão requer um novo tipo de consciência (Osterberg, 1993; Liebig, 1994), baseado no amor.

Um ambiente de união requer dos administradores que deixem de ser controladores para serem instrutores. A abordagem de controle e de punição não conduz a uma participação total, de corpo e alma, nem cria uma visão comum (Miller, 1991). Uma vez adquirida a visão comum, os trabalhadores geralmente têm uma nova sensação de significado em seu trabalho, e essa sensação é realmente muito forte. Como Jack London escreveu: "O verdadeiro amante apaixonado de Deus deveria morrer pelo Beijo, e não por 30.000 por ano" (Londres, 1984). O verdadeiro amante apaixonado de Deus é alguém em busca de uma causa nobre e digna. Quando a administração está particularmente concentrada nos lucros e no dinheiro, é difícil conseguir dos trabalhadores altos níveis de motivação. Um sentimento de objetivo, resultante da visão comum, e a virtude da união são fatores vitais para se criar uma força de trabalho energética.

Vários anos atrás, falei com um executivo da 3M da Alemanha que estava trabalhando em St. Paul, Minnesota, na sede da empresa. Sem hesitação, ele disse que uma das piores fraquezas das empresas norte-americanas era sua obsessão em aumentar a riqueza de seus acionistas. Ele disse: "É difícil motivar os trabalhadores para que acordem cedo toda manhã, pulem da cama e digam: 'Mal posso esperar para trabalhar e aumentar a riqueza dos acionistas.'"

Um testemunho de união foi dado por Tom Peters (1987), que disse que qualquer empresa que queira prezar pela excelência deve ter o envolvimento e o auxílio plenos de todos na organização. Os administradores precisam ser cuidadosos, no entanto, para evitar a pseudo-união, que é muito presente nas organizações, onde cartazes, declaração de obrigações, comemorações, tapinhas nas costas e intimidade chamando pelo primeiro nome são confundidos com a harmonia orgânica. Nessas condições, os conflitos são atenuados e suprimidos e os traumas organizacionais passam despercebidos.

Algum tempo atrás, a Covenant Corporation demitiu 600 pessoas. Bem depois de a diretoria executiva gastar um milhão de dólares no "Dia da Família", com o objetivo de criar união (Jackall, 1988). A festa de gala apresentou palhaços, celebridades do mundo desportivo e jogos, tendo sido presenciada por 14 mil empregados. Posteriormente, a diretoria executiva enviou um memorando congratulando-se, declarando que o Dia da Família havia ajudado a "família" da Covenant a se expandir, e que isso havia mostrado como grandes objetivos poderiam ser alcançados se todos trabalhassem juntos como uma equipe. Tanta hipocrisia não deixou de ser notada pela maioria dos empregados.

Compare isso com a Nucor Corporation durante a recessão americana de 1993 para 1994. Para lidar com os rendimentos cada vez mais baixos, a empresa colocou todos os seus empregados (da diretoria executiva aos trabalhadores da manutenção) em jornadas semanais de dois ou três dias. Nenhum trabalhador foi demitido. Quando a Nucor se reergueu, desfrutou de um *esprit de corps* pouco comum (Fukuyama, 1995).

Reciprocidade

A verdadeira união requer reciprocidade, o que significa tratar os outros como queremos ser tratados e considerar as conseqüências desse comportamento, conceitos sobre os quais está baseada a Sabedoria do Amor. Susan Herman (1994) acha que a reciprocidade é a chave para a espiritualidade de uma organização. Ela vê o espírito organizacional como o mesmo do espírito escolar ou do espírito de acampamento:

> No fundo, é uma questão de reciprocidade. É a sensação de que sou respeitado, admirado, ajudado e alimentado nesse lugar, de que meu crescimento e meu aprendizado são considerados importantes; e disso resulta a minha sensação de que essa organização é excelente e de que estou feliz em dedicar muito de minha atenção e energia para ajudar a organização a crescer e desenvolver-se, como é necessário em qualquer momento. É a sensação de que as pessoas pensam e falam bem a meu respeito aqui, e de que eu penso e falo bem a respeito da organização tanto dentro como, especialmente, fora dela. É uma sensação de que "estamos todos juntos nessa, torcendo basicamente pelos mesmos objetivos organizacionais, nos quais acreditamos e que achamos valiosos". No espírito organizacional, NÓS somos a força. É a nossa sinergia que cria uma organização espiritualmente elevada.

Sem reciprocidade, a sinergia, tão importante para a verdadeira união, está ausente. O amor torna a reciprocidade bem mais fácil. Quando você se preocupa com alguém, há um desejo mais natural de fazer algo pelas pessoas, fazendo com que essa doação seja bilateral.

Criando União

A união pode ser criada de várias maneiras, tanto pela visão comum como pela confiança em decisões de consentimento, ou ainda desencorajando a calúnia e incentivando eventos sociais; por seu turno, o ego, o desejo de empurrar para os outros as próprias idéias, a falta de habilidade em ouvir os outros e as manobras políticas podem destruir a união. O Quadro 3.4 apresenta alguns dos fatores que podem criar ou impedir a união em uma empresa; o Quadro 3.5 pode ser usado para avaliar que fatores influem sobre a união em sua empresa.

Respeito e Dignidade

Preste homenagem a Deus (...) e aos subordinados.

— Islam, Alcorão 4:36

Mary Kay Ash, conhecida por granjear respeito e reconhecimento para suas vendas, estabeleceu sua empresa a partir de vendas de cerca de 200 mil dólares, em 1963, chegando a 613 milhões em 1993 (Farnham, 1993). Mary Kay põe muita ênfase na necessidade de uma Regra de Ouro e coloca Deus em primeiro lugar na sua vida.

J. C. Bradford, que fundou a empresa de investimentos que carrega seu nome, entendeu a importância do respeito em sua empresa recém-formada na década de 30. Depois da quebra da Bolsa em 1929 e seu reerguimento em 1933, o mundo dos negócios aprendeu alguma coisa e a empresa de Bradford sobreviveu, ainda que marginalmente. Depois da segunda quebra, em 1937, no entanto, a situação era triste e o futuro parecia sem esperança por alguns anos. Com o enfraquecimento dos negócios, Bradford não adotou a linha habitual de ação, a de demitir os vendedores. Ele os convocou e deu-lhes uma remuneração. "Vão e visitem as pessoas", disse ele para a equipe de vendas. Só falem com elas, disse, e deixem que elas saibam quem somos. Naquela época, era uma prática quase única. A equipe de vendas fez isso, com seus salários semanais, até a recuperação da economia, o que se deu quando os Estados Unidos entraram na Segunda Guerra Mundial. Quando as pessoas recomeçaram a comprar novamente, elas se lembraram de J. C. Bradford e de seu pessoal de vendas. Hoje, a empresa está crescendo tão rapidamente que mal podemos acompanhá-la, e o seu compromisso é o

Quadro 3.4. Fatores que Podem Ter Influência sobre a União das Organizações

	Gera União	Impede a União
Dentro do Meu Controle	1. Meu departamento tem um ponto de vista razoavelmente compartilhado. 2. No meu departamento, tentamos chegar a um consenso na maioria das decisões. 3. Há um mínimo de subgrupos no meu departamento. 4. Eu desestimulo a calúnia.	1. Às vezes sou impaciente e, nas reuniões, não procuro conhecer todos os pontos de vista. 2. Quando estou muito ligado a uma idéia, é difícil para mim ouvir os outros.
Fora do Meu Controle	1. Existe um forte espírito de grupo. 2. Eventos sociais regulares são planejados e freqüentados.	1. Há panelinhas demais na nossa organização. 2. Há muita manobra política.

Quadro 3.5. Que Fatores Exercem Influência sobre a União na Minha Empresa?

	Gera União	Impede a União
Dentro do Meu Controle		
Fora do Meu Controle		

de ser a melhor na prestação de serviços ao cliente (J. C. Bradford, comunicação pessoal, 1996). O sucesso da empresa Wal-Mart, de acordo com Sam Walton (1992, p. 103), deve-se à sua atitude de respeito e dignidade para com os empregados: "Se você quer que o pessoal nas lojas tome conta dos clientes, você tem de ter certeza de que está tomando conta do pessoal das lojas. Esse é o mais importante e o mais simples ingrediente do sucesso da Wal-Mart."

O executivo Howard Schultz atribui parte da recente prosperidade da Starbucks Coffee Company ao fato de respeitar os trabalhadores e adotar relações de trabalho intensas (Scott, 1995, p. 28): "Estou certo de que todos se sentem valorizados, respeitados e que são parte do resultado vencedor." Starbucks cresceu numa taxa anual de 60% nos últimos cinco anos.

Administradores tchecos disseram-me que uma das piores coisas de se trabalhar sob um regime comunista era o completo descaso pelos seres humanos. Os empregados eram tratados com desdém e os clientes com descaso. Não espanta que houvesse uma nuvem negra de depressão em vários países regidos pelo governo comunista. Como alguém poderia esperar um rigoroso trabalho ético em tais condições? Esse pode parecer um exemplo extremado, mas, com muita freqüência, nas empresas norte-americanas os empregados são tratados como crianças a serem controladas e punidas, às quais são negadas informações e de quem os administradores extraem os últimos quilowatts de energia. Se quisermos ter empresas que possam competir com força no mercado global, essa dinâmica não poderá continuar.

Uma empresa que não respeita os empregados padecerá dos níveis mais baixos de motivação, da alienação dos trabalhadores e, por vezes, de um sentimento de depressão no ambiente de trabalho. Com grande freqüência, tenho ouvido empregados dizerem algo como: "Se ele pensa que eu vou fazer extra, está maluco!" Eles afirmam isso depois de repetidos incidentes em que foram tratados sem dignidade. Mas, olhando para empresas como a Federal Express, onde os empregados são respeitados e se espera deles que tomem decisões importantes e assumam riscos, vemos pessoas do setor de entregas – por si mesmas e sabendo que estão tomando a decisão correta – alugar helicópteros para assegurar que as entregas cheguem a tempo no seu destino. A empresa manufatureira brasileira de Ricardo Semler, a Semco, tem mostrado, de forma surpreendente, estruturas e políticas inovadoras (ver Capítulo 4 para mais detalhes); tem mostrado um sucesso tão extraordinário, em parte porque, nas palavras de Semler, "nós contratamos adultos e os tratamos como adultos" (1989, p. 79).

O trabalho em equipe é adotado por várias organizações. Algumas chegam mesmo a realizá-lo. No entanto, a participação real do trabalhador pode ser tão rara como um café *capuccino* no topo dos Himalaias. Avançados programas de envolvimento dos empregados não são comuns pelo fato de serem "incompatíveis com a ideologia de administração dominante e os princípios fundamentais de planejamento da maioria das organizações contemporâneas" (Galbraith, Lawler e Associados, 1993, p. 150).

Às vezes, os administradores prestam uma assistência superficial e insincera em prol da participação do trabalhador, por meio de programas de pseudoparticipação projetados para serem convenientes ao seu próprio paradigma administrativo de controle. Num estudo recente, cerca de 90% das empresas declararam que delegam poderes, mas 30% disseram que não há quase nenhum envolvimento dos empregados na tomada de decisões ("Managers", 1995). Chris Argyris e Donald Schön (1974) mostraram que é comum entre os administradores uma grande discrepância entre suas intenções e suas ações, sendo também comum a falta de percepção dessa disparidade. Os administradores falam sobre o envolvimento dos empregados, mas realmente deixam poucas decisões a serem tomadas pelos últimos e não conseguem compreender o seu próprio grau de ilusão. Como esperado, os trabalhadores logo enxergam além da fachada, sendo capazes de distinguir o que é retórica do que é comportamento real. Os administradores que tentam delegar poderes podem fazer isso de uma maneira tão fria que, sem nenhuma surpresa, redunda em falha.[6]

Um de meus amigos trabalhou como supervisor numa fábrica onde os gerentes maltratavam os empregados regularmente e negavam suas promessas quase que diariamente. Ele me disse que, dois meses atrás, os gerentes tinham ido para um seminário; todos eles voltaram furiosos, pendurando em torno da fábrica letreiros que diziam: "Nós somos uma equipe que trabalha em conjunto" e "Nossa missão é (...) e cada empregado é importante para se alcançar esse objetivo". Meu amigo disse que os supervisores e os trabalhadores apenas riram dos letreiros e não deram a menor atenção aos gerentes.

O ambientalista Roger Telschow implementou a delegação de poderes quase por desespero, como um último cartucho para salvar sua empresa gráfica (Telschow, 1993). Depois de contratar seus três primeiros empregados, aos quais foi dito para que o chamassem de "Senhor Telschow" (p. 6), ele achou que alternar ultimatos e amabilidade não fazia com que produzissem muito e, então, basicamente, ele fazia tudo sozinho. Gastando longas horas para assegurar a qualidade do serviço que recaía todo sobre ele, decidiu vender a empresa em crescimento. Mas, como muitos empreendedores, ele era obstinado. Em vez de vender a empresa, foi até os empregados e disse que era da responsabilidade deles o controle das tarefas; ele os ajudaria quando necessário, acrescentando "e me chamem apenas de Roger" (p. 6). Iniciou-se o treinamento, bem como discussões sobre pedidos de clientes, bônus de participação nos lucros e uma "caderneta da frustração" para anotar as dificuldades sugeridas na conclusão das tarefas ("Blueprints for Success", 1995, p. 32). Uma técnica particularmente eficiente foi o anúncio de Telschow de que pagaria imediatamente cinco dólares para qualquer um que encontrasse um erro numa ordem de serviço. Telschow entende que cinco dólares gastos de cada vez poupam o desperdício de cem. Em vez de vender a Ecoprint, Telschow implementou a delegação de poderes e agora tem uma empresa de dez funcionários que ganhou pelo menos quatro prêmios nacionais de produtividade desde 1991. Como Telschow diz, "nossa principal arma competitiva é o nosso pessoal" (Greig, 1996, p. 42).

Se vivemos pelo Espírito, orientemo-nos, também, pelo Espírito.
— Cristianismo, Bíblia, Gálatas 5:25

Não amemos de palavra, nem de língua, mas por ações e em verdade.
— Cristianismo, Bíblia, I João 3:18

Cuidai para que não andeis nos caminhos daqueles cujas palavras diferem de suas ações(...) pois as profissões da maioria dos homens, sejam elas altas ou baixas, diferem de sua conduta.
— Bahá'í, Bahá'u'lláh, 1976, p. 305

Novos Modos de Trabalhar

A despeito das dificuldades em romper com o velho paradigma de comando da administração, podemos ver a prova contínua de que está acontecendo de fato. As empresas estão compreendendo que faz bastante sentido para os negócios tratar as pessoas com respeito. Além de ser louvável por si mesmo, honrar a dignidade do trabalhador pode resultar numa empresa financeiramente mais saudável.

A velha e desumana linha de montagem, que muitos viram como o alicerce das empresas modernas de manufatura, está dando lugar à "linha espiral" (Williams, 1994, pp. 1, 8). Como a Sony e a Nec estão fazendo agora, quatro empregados dividem uma pequena oficina, enquanto cada um deles monta uma câmera de vídeo inteira ou um telefone sem fio. Ao contrário das profecias mais terríveis, segundo as quais essa forma de trabalho seria arriscada para a produtividade, essas empresas têm alcançado resultados positivos. A linha espiral da Sony teve uma taxa de produtividade 10% mais alta do que a sua linha de montagem convencional. Isso porque os trabalhadores trabalham de acordo com o seu próprio ritmo, reduzindo assim erros, e quando há um problema, toda a linha de montagem não precisa suspender o funcionamento. Planos semelhantes, "baseados na perícia", são utilizados pela Compaq Computer Corporation, que ostenta um aumento de 51% de produtividade de sua mão-de-obra. Como apontou um consultor, "não existe futuro nas linhas de montagem convencionais. Elas são uma ferramenta que se conforma à pessoa com menos habilidade".

Esses exemplos de como tratar as pessoas com respeito também são bons para a empresa. Como um trabalhador da Nec observou a respeito do novo sistema baseado na habilidade, "esse jeito é melhor. Você tem suas próprias tarefas, trabalha no seu ritmo e conserta os seus próprios erros".

O ambiente de trabalho que acomoda a todos em geral não funciona bem – não apenas no que se refere às linhas de montagem como também às horas de trabalho. O respeito, sob a forma de um horário de trabalho flexível, é importante. Procurado por alguns empregados e com grande freqüência evitado pela administração, o emprego de meio período pode ser um caminho eficiente para se aliviar os encargos trabalhistas e as várias pressões financeiras. De acordo com um estudo da McKinsey & Company da Alemanha, a produtividade aumentou de 3 para 20% como resultado de se prevenir a exaustão física e mental dos empregados, controlando melhor a ascensão e a queda das demandas e aumentando o horário de funcionamento. O crescimento pôde ser notado tanto na energia da equipe como na motivação do trabalhador, como se pôde provar pelas reduções em 50% no índice de absenteísmo (Hagemann, 1994).

Mary Pischke queria criar uma empresa que tivesse um coração e uma alma, e usou esse sistema para criar um relacionamento harmonioso com a clientela e os empregados (Simmons, 1996; Sunoo, 1994). Sua ramificação norte-americana da empresa alemã Birkenstock tem crescido lentamente desde a década de 60 e tem sido sempre cuidadosa em contratar pessoas que se encaixam melhor no tipo de "não-aos-lucros" mas que, ainda assim, poderiam trabalhar por lucros. Um de seus maiores problemas agora é contratar pessoal para uma empresa que movimenta cem milhões de dólares, e ter a certeza de que eles partilharão de sua visão holística dos negócios.

Em gozar dos benefícios da providência consiste a sabedoria; em permitir que os outros gozem desses benefícios consiste a virtude.
— Zoroastrismo, Zend-Avesta (in: Müller, 1981)

*E se vós amais aos que vos amam, que merecimento tereis?(...)
Sede misericordiosos, como também vosso Pai é misericordioso.*
Cristianismo, Bíblia, Lucas 6: 32, 36

Ninguém busque nada para si, mas para os outros.
— Cristianismo, Bíblia, 1 Coríntios 10:24

Criando Respeito

Tratar as pessoas com respeito é, comprovadamente, a virtude mais violada nas organizações — embora seja a mais fácil de corrigir. Delegar poderes aos empregados, bem como recompensar-lhes e apreciar-lhes os esforços, é uma forma de demonstrar respeito, ao passo que mostrar-se insensível e excessivamente exigente, sem nenhum reconhecimento pelas suas contribuições, destrói o respeito. O Quadro 3.6 apresenta alguns dos fatores que podem gerar ou impedir o respeito e a dignidade numa empresa, e o Quadro 3.7 pode ser usado para se avaliar quais fatores influem quanto ao respeito e à dignidade na sua empresa.

Justiça

Todos nós temos, no nosso íntimo, algum tipo de monitor da justiça.[7] Esse monitor se manifesta muito cedo na nossa vida. Os pais freqüentemente ouvem os filhos dizerem: "Isso não é justo!" Os adultos não são muito diferentes: nós apenas não demonstramos esse sentimento de justiça com tanta freqüência. Ou então desenvolvemos nossas habilidades para enfrentar a injustiça ou mascaramos de uma forma melhor nossos sentimentos. Millicent Fenwick, membro da Câmara dos Representantes, declarou: "Creio que a única coisa que as pessoas não podem suportar é a injustiça. A pobreza, o frio, e mesmo a fome, são mais suportáveis do que a injustiça"(1980).

A justiça não resiste sozinha, sem nenhuma outra virtude. Tratar os outros com justiça requer empatia, isto é, amor. A justiça é impossível sem empatia, posto que a verdadeira justiça só pode ser partilha-

Quadro 3.6. Fatores que Podem Ter Influência sobre o Respeito e a Dignidade nas Organizações

	Cria o Respeito e a Dignidade	Bloqueia o Respeito e a Dignidade
Dentro do Meu Controle	1. Deixo que meu pessoal tome suas próprias decisões e que possa errar. 2. Tento demonstrar meu apreço pelo trabalho bem-feito.	1. Às vezes sou acusado de ser insensível e de não notar o que tira a motivação dos meus empregados. 2. Quando me vejo pressionado diante de um prazo de entrega, pressiono os outros também.
Fora do Meu Controle	1. A firma tem um bom programa de incentivos. 2. Espera-se que as pessoas sejam bem-sucedidas, sendo tratadas com senso positivo de otimismo.	1. Às vezes a administração fica presa nas próprias idéias e esquece o impacto que isso exerce sobre o resto da empresa. 2. Alguns departamentos se queixam de que suas idéias são roubadas pela administração, que não lhes dá o devido crédito.

Quadro 3.7. Que Fatores Exercem Influência sobre o Respeito e a Dignidade na Minha Empresa?

	Cria o Respeito e a Dignidade	Impede o Respeito e a Dignidade
Dentro do Meu Controle		
Fora do Meu Controle		

da quando estamos aptos a nos colocar na posição dos outros (Gesine Schwan, comunicação pessoal, abril, 1995). De outra forma, de que modo posso realmente saber o que é justo para a outra pessoa em qualquer situação? O tipo de justiça implícito na Regra de Ouro cria verdadeiramente a base para a imparcialidade, porque quando ajo com respeito ao outro da maneira como eu gostaria, as disparidades da oportunidade ou do tratamento são minimizadas. Certo sentido de dignidade comum como seres humanos ressalta nessa empatia e nessa justiça, pois, se me sinto superior e considero o outro mero "recurso", estou ignorando a dignidade dessa pessoa.

A justiça também pode criar a confiança (Gesine Schwan, comunicação pessoal, abril de 1995). Quando tratamos os outros de forma justa, iremos inspirar justiça e confiança com relação a nós mesmos. Se a justiça é combinada com métodos abertos de se tomar decisões, então reduzimos em grande número as possibilidades de uma liderança demagógica. O método desenvolvido por Schwan para determinar tanto o nosso comportamento quanto a nossa política consiste em aplicar o "teste do jornal". Será que gostaríamos de ver nossas ações publicadas para que todos lessem? (comunicação pessoal, abril, 1995).

Sistemas de Remuneração

Tratar os empregados de forma justa inclui remuneração eqüitativa, participação nos lucros e uma ação afirmativa em prol dos grupos em minoria ou em desvantagem. O que acontece quando os empregados percebem a injustiça no seu sistema de pagamento? Freqüentemente crescem os ressentimentos e diminui a motivação.

Nas fábricas da empresa brasileira Semco, a administração envia regularmente relatórios sobre salários para funções semelhantes no Brasil. Os trabalhadores, depois, são instados a dizer quanto julgam merecer, sendo concedida a quantia pleiteada, mesmo que seja vultosa. Se o pessoal não merecer esse valor extra durante o ano que se segue, haverá uma séria reunião com o administrador. Há poucas chances de os trabalhadores sentirem injustiças pessoais nas fábricas da Semco, que estão entre as mais bem-sucedidas do Brasil (Semler, 1993, 1994).

Ó vós que credes:
Clamai firmemente por justiça!
— Islã, Corão IV, 135

Na minha visão, a mais benquista de todas as coisas é a justiça; não te desvies disso.
— Bahá'í, Bahá'u'lláh, 1990, pp. 3-4

O pagamento de acordo com o desempenho tem dado resultados positivos para a empresa, por meio do uso de bônus, distinções por mérito, títulos de propriedade em nome dos empregados e programas de participação nos lucros. Não precisamos de análises estatísticas complicadas para entender que os empregados trabalharão com mais empenho se houver a expectativa de receber uma parcela dos lucros, se há uma resposta ao seu nível de produção. A justiça deve ser o princípio sobre o qual a partilha nos lucros estará assentada, tornando-a efetiva; no entanto, o potencial de redução de custos, implícito na partilha de lucros, é o que atrai os executivos (Kanter, 1987), uma vez que os trabalhadores são mais competentes em evitar custos quando os mesmos geram conseqüências em seus salários.[8]

A emissão de títulos de propriedade em favor dos empregados, como um meio de remuneração por desempenho, tem sido adotado por várias empresas grandes e eficientes, incluindo a McDonnell Douglas, a TWA, a Avis, a Morgan Stanley e a Arthur D. Little, na qual os empregados detêm pelo menos um terço (33%) das ações (Richter, 1994). Algumas firmas de advogados, consultores e bancos de investimento tornaram-se sociedades anônimas em decorrência de problemas com a responsabilidade pessoal de sócios, bem como por problemas ligados à sucessão. As que resolveram esses problemas (como a McKinsey & Company, na qual a propriedade da empresa está integralmente nas mãos de sócios ativos) parecem ter chegado ao topo. A empresa McKinsey, com ganhos estimados em mais de um bilhão de dólares, continua sendo uma das mais proeminentes empresas de consultoria administrativa do mundo (George Starcher, comunicação pessoal, dezembro, 1995).

Pagamento de Executivos

A moderna tendência norte-americana de pagar milhões de dólares aos diretores executivos, mesmo quando os lucros da empresa estão caindo, é considerada injusta por muitos. Na verdade, o congresso norte-americano sancionou uma lei que faz com que salários acima de um milhão de dólares não sejam dedutíveis de impostos, embora essa lei não tenha ameaçado seriamente esses salários gigantescos. O problema é que os diretores executivos e o conselho administrativo não seguem os princípios da justiça. Quais são os resultados? Um dos resultados é que esses salários drenam o lucro dos acionistas. Se a empresa está em dificuldade e distribui grandes quantias para os executivos, isso implica menos dividendos para os acionistas, menos dinheiro para se investir em novos empreendimentos e projetos de modernização e, o que é mais importante, menos dinheiro para pagar salários decentes para os trabalhadores. Eram muitos os casos de executivos recebendo milhões de dólares a título de bônus, enquanto os trabalhadores eram instados a renunciar a aumentos ou a recebê-los em escala menos que adequada. Alguns argumentam que, numa grande empresa, a porcentagem dos rendimentos que vai para os salários dos executivos é tão baixa que nem mesmo afeta o quadro financeiro geral de forma significativa; mas, ainda assim, é a natureza simbólica do que representa um salário gigantesco em comparação com o aperto que sofre o trabalhador que é considerada injusta.

Alguns anos atrás, um repórter perguntou ao presidente de uma das grandes empresas automobilísticas do Japão por que ele ganhava menos de cem mil dólares por ano, quando executivos norte-americanos do mesmo ramo estavam recebendo milhões de dólares. O presidente disse que o sucesso de sua empresa dependia da motivação e do compromisso de todos os seus trabalhadores, razão pela qual seria difícil alcançar esse engajamento se ele próprio ganhasse muito mais do que os funcionários.

Redução da Força de Trabalho

Durante a recessão norte-americana de 1992, inúmeros empregos foram cortados. Foi duro, mas, de alguma forma, as pessoas entenderam a necessidade de salvar as empresas tomando medidas drásticas de corte de despesas. Houve uma conscientização de que as empresas norte-americanas teriam de mudar radicalmente, sendo enxugadas para poderem competir no feroz mercado global. Junto com essa atitude, havia a suposição de que, quando as coisas melhorassem, os cortes parariam. Se tivesse sido feita justiça, isso seria verdade. Em vez disso, o que vemos mais recentemente são recordes de lucros e quase-recordes de dispensas por parte de algumas empresas (Murray, 1995). A Mobil, por exemplo, divulgou uma elevação nos lucros e, logo depois, anunciou o corte de 4.700 funcionários. Certamente, isso não é justo.

No fim de 1995, a AT & T anunciou a dispensa de 40.000 dos seus 300.000 empregados, devido à iminente fragmentação do conglomerado em três empresas separadas. O presidente Bob Allen evidentemente não se envergonhou de fazer isso, alegando que estava salvando a empresa para os empregados remanescentes. Ao mesmo tempo, ele percebeu um lucro de cinco milhões de dólares em seus capitais como resultado do anúncio. Os problemas da empresa são, parcialmente, resultado da desastrosa aquisição da NCR, que sorveu da empresa bilhões de dólares, ainda que seu salário em 1994 fosse de 5,3 milhões de dólares. Indagado se deveria pedir desculpas aos 30.000 trabalhadores que estavam perdendo seus empregos, ele comentou que não via razão para fazer tanto (Sloan, 1996).

Compare a injustiça acima mencionada com uma situação ocorrida no Brasil com a Semco. Quando a economia brasileira entrou em colapso em 1990, a Semco, como todas as outras empresas, estava em dificuldades. Seu proprietário, Ricardo Semler (1994), ofereceu aos empregados a opção de dispensas ou de um corte de 13% nos salários, ao passo que os gerentes sofreriam um corte de 40%, incluindo Semler. Outras estratégias de sobrevivência incluíam a possibilidade de recorrer a outras fontes de venda para os empregados mais antigos, que obtiveram permissão para usar os prédios e os equipamentos da empresa para esses trabalhos. Como resultado, quase todos ajustaram algum tipo de trabalho e, uma vez mais, a empresa está próspera.

Semler concordaria, sem dúvida, com o presidente da Service-Master, C. William Pollard (1994, p. 5), responsável pelos 200.000 trabalhadores de uma empresa grandemente bem-sucedida e em rápido crescimento: "É errado para mim estar envolvido em ações ou decisões nas quais uma pessoa assegura um benefício ou uma vantagem à custa de outra, e é fundamentalmente certo, para mim, estar envolvido em servir e ajudar os outros."

O que acontece com a motivação dos trabalhadores após serem tratados injustamente com dispensas gigantescas de pessoal, diante dos extraordinários salários dos executivos? Muitos empregados sentem sua desesperança ou falta de estima em vários graus, e o nível e a qualidade de seu trabalho também sofrem. Nessas condições, os administradores não podem sequer contar com uma força de trabalho energizada. "Com o moral alto, tudo é possível; com o moral baixo, nada se consegue" (Koestenbaum, 1991, p. 15).

A lealdade é uma das primeiras baixas em nossas situações (Murray, 1995). Os empregados se sentiram traídos, ficaram nervosos e preocupados e reduziram drasticamente sua produtividade, pois discutiam com freqüência a situação. Como disse um comissário de loja da Mobil: "As pessoas têm conversado mais de 50% do tempo. É conversa para acalmar durante o dia todo"(Murray, 1995, p. 5).

Pelo menos uma empresa apresenta um conjunto forte e explícito de valores que foram traduzidos em virtudes e não permite esse tipo de sangria corporativa. Respeito, confiança, integridade e justiça são esperados de toda a equipe na Idea Connnection Systems. Mas não se trata de uma transação unilateral, pois os mesmos respeito e justiça são oferecidos aos empregados. O presidente Robert Rosenfeld (comunicações pessoais, 1995, 1996) e o vice-presidente Michael Winger-Bearskin (comunicação pessoal, 1995; Rosenfeld e Winger-Bearskin, janeiro, 1995) acreditam firmemente que reduzir o número de empregados para conseguir lucros é inaceitável. Se se trata da questão de reduzir a força de trabalho para sobreviver, isso é diferente. Rosenfeld me disse que considera a empresa como um corpo. "Se ela sofre de gangrena no braço, você tem de cortar o braço para que o resto do corpo sobreviva. Mas cortar o braço de um corpo saudável porque você pensa que o aumento do fluxo sangüíneo ajuda o corpo inteiro é totalmente errado" (comunicação pessoal, janeiro, 1995).

Falando em termos de economia, é dispendioso demitir gerentes ou pessoal especializado, com um custo médio entre trinta mil a cem mil dólares (Downs, 1995, p. 58), e recontratá-los – o que pode custar cerca de cinqüenta mil dólares. Uma vez que todos os postos dispensados são preenchidos novamente dentro de dois anos, o resultado é uma síndrome de farra e purgação. As empresas que se utilizam de dispensas "esvaziam impiedosamente seus postos mais importantes e sofrem com a perda de talento, de conhecimento e de moral por meses, até mesmo anos." As demissões dão início a um vórtice que suga "a gordura, depois os músculos e depois a capacidade mental da organização" (Downs, 1995, p. 58). Desde 1985, quando a Kodak iniciou a primeira de suas doze mil dispensas, a um custo de US$ 2,1 bilhões de dólares, seus lucros foram reduzidos a 50%, ao passo que a receita continuou a mesma.

As empresas norte-americanas e européias que se reestruturaram sem reduções tenderam a apresentar margens de lucro mais elevadas e maior retorno de patrimônio do que as que sofreram reduções (Mumford e Hendricks, 1996). Gastos destinados às reduções geralmente acabavam nas mãos de consultores e trabalhos caros com outras fontes, enquanto as empresas preocupadas com seus empregados, agindo com justiça e respeito, tenderam a se capitalizar com a crescente lealdade de seus trabalhadores.

Fracas Atuações

Numa organização justa, baseada no amor, o que deveria ser feito com administradores ou empregados que não atuam adequadamente? Mesmo os gurus do "amor e carinho", como James Autry e Ricardo Semler, sabem que, às vezes, deve-se deixar que as pessoas vão embora. É uma questão de justiça para com os outros trabalhadores e para com a empresa. Qualquer virtude que não esteja em equilíbrio com as demais deixa de ser sadia, tal como alimentar-se apenas de carne, sem comer frutas ou vegetais, não é o mais indicado para o corpo. Deixar que um empregado que não trabalha adequadamente continue na folha de pagamento pode ser um ato de amor, mas destituído de uma proporcional justiça. No entanto, há maneiras de alcançar esse equilíbrio com respeito e dignidade. Empresas japonesas, administradas em equipe ou por um modelo de grupo, avaliam regularmente a atuação de seus executivos. Quando os administradores são ineficientes, eles são silenciosamente transferidos para outro posto, no qual irão causar poucos problemas (Drucker, 1993).

Lealdade não é apenas uma idéia atraente; ela afeta toda a saúde financeira de uma empresa. Uma pesquisa realizada por Reichheld (1996) mostra que os empregadores mais bem-sucedidos inspiram lealdade entre seus empregados, clientes e investidores. No tocante aos empregados, quanto menores as mudanças, maiores os lucros. Quanto às empresas neste estudo, aumentando-se a manutenção dos empregados em apenas 5%, gerou-se margens de lucros de 50%. Menores alterações no quadro de empregados geralmente resultam em maior conservação de clientes, também. A State Farm Insurance, por exemplo, tem vendedores que permanecem na empresa, em média, dezenove anos – muito mais do que seus concorrentes. Reichheld acredita que há uma razão maior para que os lucros da State Farm sejam 40% mais altos do que os das outras companhias de seguro.

Acreditar que a empresa se importa com seus trabalhadores enquanto pessoas é uma das principais razões pelas quais a Hallmark Cards, Inc., inspira tanta lealdade entre os mesmos (Flynn, 1996). Listada na revista *Working Mother* como um dos melhores lugares para se trabalhar por dez anos consecutivos, a Hallmark tem milhares de empregados que trabalham ali há 25 anos e que pertencem ao "Clube do Quarto de Século". Como a empresa demonstra esse sentimento de atenção com seus empregados? Ela simplesmente os ouve. A cada três meses, há encontros no Corporate Town Hall, onde 1.200 trabalhadores se reúnem, em três grupos separados, para ouvir e responder ao diretor executivo Irvine Hockaday e outros de seus principais administradores. Pequenos grupos de empregados se encontram dez vezes por ano para encontros cara a cara de noventa minutos com Hockaday. No total, cerca de seis mil empregados têm, anualmente, a chance de dialogar com os diretores executivos sobre vários assuntos.

A preocupação da Hallmark é demonstrada materialmente também por meio de generosos pacotes de benefícios, incluindo serviços educacionais, participação nos lucros, refeições, apoio e cuidado para crianças e velhos e comemoração de aniversários ou metas de trabalho alcançadas, tudo com muita disposição (Flynn, 1996). Finalmente, essa preocupação é demonstrada pela história da Hallmark, que não registra dispensas. Ainda que a empresa, ou alguns de seus setores, possam diminuir a marcha, são usadas opções mais criativas e humanas do que simples dispensas. Os empregados podem optar por tirar licença não-remunerada, embora mantendo os benefícios. Os trabalhadores podem ser treinados novamente e transferidos para um departamento com maior demanda, freqüentemente ajustando um salário maior do que o anterior. Algumas pessoas preferem trabalhar como voluntários nas atividades comunitárias, ainda que recebendo o salário normal. Embora essas abordagens custem dinheiro, a empresa acredita que a boa vontade e o sentimento de segurança dos empregados fazem com que os gastos valham a pena. O diretor de relações de trabalho Dave Pylipov diz que a Hallmark tenta intensificar a "relação entre a empresa e os empregados" e torná-la "tão mutuamente produtiva quanto possível. Assim, todos ganham" (Flynn, 1996, p. 61).

Diversidade

O princípio da justiça é visto em ação na ênfase cada vez maior, verificada nas últimas décadas, sobre os direitos das minorias no ambiente de trabalho. Depois que a EEOC e outras leis de ação positivas foram instituídas nos Estados Unidos durante as décadas de 60 e 70, algumas empresas começaram a ver que promover as minorias exercia uma influência benéfica no seu desempenho. Numerosos estudos acadêmicos mostraram que grupos heterogêneos superam grupos homogêneos na resolução de problemas com soluções criativas (Wheeler, 1996). O elo entre diversidade e criatividade não se perdeu na Merck Company, cuja "força vital é a inovação e a criatividade". Como diz o diretor executivo Raymond Gilmartin, "precisamos de talento vindo de todas as partes. Queremos assegurar que isso não se restringe a determinados grupos, ou pessoas" (Wheeler, 1996, p. 102). Compelir a realidade das empresas em direção a uma maior diversidade significa economia global, base de cliente mais diversificada, demanda de produtividade e alterações na composição da força de trabalho (Wheeler, 1995, 1996). Empresas como a Allstate, a R. R. Donnelly & Sons e a St. Paul Companies incluem a diversidade como um componente vital para um "placar equilibrado" do sucesso (Wheeler, 1996, p. 127). A eficiência global das equipes de trabalho foi estudada pela Intel Corporation, que descobriu que suas equipes com alto desempenho apresentavam como características comuns diversidade, confiança, respeito, cooperação, objetivos e foco (Wheeler, 1996).

O "guru da qualidade", W. E. Deming (Tulin, 1994, p. 9), resumiu o problema da seguinte forma: "Qualquer organização que exclui ou faz mau uso de seu talento humano em decorrência de raça, sexo ou nacionalidade, está simplesmente minando sua capacidade de melhorar o sistema."

Construindo a Justiça

Uma vez que todos nós temos uma referência interna de justiça, que nos permite saber quando não estamos atingindo o que é justo, torna-se importante que os administradores tenham esse sentimento de justiça com relação aos outros na organização. Quando o orçamento é reduzido, se as camadas mais altas se sacrificam, torna-se mais fácil para as camadas mais baixas fazer o mesmo e sentir que se está fazendo com justiça. Entre outros comportamentos que criam um sentimento de justiça está ouvir todos os lados em disputa, encorajando e gratificando os funcionários de alto posto da própria empresa, em vez de contratar pessoal de fora. O Quadro 3.8 apresenta alguns dos fatores que podem construir ou impedir a justiça numa empresa, e o Quadro 3.9 pode ser usado para avaliar que fatores influem na justiça da sua empresa.

Quadro 3.8. Fatores que Podem Gerar Justiça em suas Organizações

	Gera Justiça	Impede a Justiça
Dentro do Meu Controle	1. Quando são feitos alguns cortes, discutimos opções como uma equipe e chegamos a uma decisão. 2. Se existe um conflito, tento ouvir ambos os lados antes de tomar qualquer decisão.	1. Sou conhecido por gastar mais comigo do que os outros gastam em bons móveis e viagens. 2. No ano passado, cortei os privilégios de algumas pessoas, que acharam isso injusto.
Fora do Meu Controle	1. Funcionários da casa têm preferência para as vagas. 2. A maior parte do pessoal sente que tem espaço para expor suas queixas.	1. Pessoas de fora da empresa recebem salários maiores quando contratadas para uma função. 2. Fizemos cortes recentemente, ao passo que a diretoria recebeu grandes bônus.

Quadro 3.9. Que Fatores Exercem Influência sobre a Justiça na Minha Empresa?

	Gera Justiça	Impede a Justiça
Dentro do Meu Controle		
Fora do Meu Controle		

Prestação de Serviço e Humildade

Como resultado das novas abordagens de administração, as empresas transferiram seu foco das tarefas separadas para o processo e as necessidades do cliente (Miller, 1991). Empresas importantes e competitivas concentram sua atenção em servir às necessidades reais dos clientes. Elas dispõem de sistemas de atendimento ao cliente e de empregados atenciosos, receptivos e prestimosos, o que assinala a importância cada vez maior da Virtude da Nova Administração na prestação de serviços.

Almejar a satisfação do cliente tornou-se quase uma missão evangélica para Tom Peters, cujo livro *Liberation Management* (1992) declara que o cliente é o patrão. Ele pede para que imaginemos nossos salários sendo pagos pelo cliente, a fim de que, então, possamos observar a diferença que isso faz em nossa atitude e comportamento em relação ao cliente.[9]

À medida que essa orientação ao cliente aumentava, o mesmo se dava com a expectativa dos clientes por um serviço de qualidade. Essas expectativas levaram as organizações a novos graus de orientação dos serviços. Desenvolve-se um ciclo de maiores expectativas e de qualidade.

Pelo bem-estar de todos, leva adiante a tua tarefa em vida.
— Hindu, *Bhagavad Gita*, 3:20, 1984, p. 58

Inscrito: existe feito mais nobre no mundo do que servir ao bem comum? Este é o culto: servir à humanidade.
— Bahá'í, 'Abdu'l-Bahá, 1969, p. 177

Se pudermos enxergar o trabalho dentro desse esquema de prestação de serviço, isso se tornará uma força positiva para todos os envolvidos. Quando o trabalho é executado com o verdadeiro espírito de servir, ele não só beneficia a sociedade, mas também os empregadores e os clientes, e pode dar um novo sentido para os empregados. Como Viktor Frankl (1984) nos lembra, o *significado* é que é importante na vida, pois ter um objetivo mais elevado nos mantém psicologicamente saudáveis. Acredito que ele nos dá saúde espiritual, também. Trabalho sem sentido, sem significado, é mais do que entediante — é simplesmente aviltante. Cuidar dos outros e ver isto como um importante serviço pode criar sentido no trabalho, dando aos empregados uma razão para se esforçarem. Desenvolver esse espírito de servir pode ser um fator importante para se criar um propósito mais elevado para os trabalhadores.

Esse propósito mais elevado pode ser uma meta extremamente coordenada que une facções em luta. O setor de plásticos da GE adquiriu um antigo competidor, a Borg-Warner Chemicals, e os empregados de ambos os lados desenvolveram sentimentos negativos a respeito da fusão das duas. A moral afundava, enquanto o cinismo crescia. O administrador Joel Hurt resolveu a situação com aquilo que ficou conhecido como o programa "Divida para Ganhar" (Bollier, 1996).

Quatrocentos e setenta empregados de ambas as equipes se reuniram e planejaram a renovação de uma sede arruinada da Associação Cristã de Moços, numa região difícil do sul da Califórnia. Em 24 horas de trabalho, o grupo inteiro pintou, removeu velhas fechaduras, construiu paredes, colocou azulejos, reparou o sistema hidráulico, reconstruiu a quadra de basquete e colocou um novo teto. O resultado foi um prédio irreconhecível, diferente do que existia há apenas 24 horas. Mas, para a equipe da GE, o benefício foi um novo sentimento de camaradagem. Enquanto velhas rivalidades se dissipavam, a equipe se unia pela construção de algo de valor durável.

O trabalho nos conduz a Deus e nos torna aptos a compreender mais a missão que Ele destinou para nós neste mundo.

— Shoghi Effendi Rabbani (in Badii, 1993)

A ServiceMaster, uma empresa com renda de quatro bilhões de dólares por ano, e que trabalha com assistência médica, serviços de vigilância, controle de pragas e manutenção de gramados, deu um passo à frente para desenvolver o sentido de servir em seus empregados. Cada pessoa, desde o presidente, tem de gastar pelo menos um dia do ano executando um dos serviços da empresa, seja limpando um hospital, matando baratas ou fertilizando gramados (Dubashi, 1994). Este é apenas um dos modos pelos quais a empresa lembra seus empregados de que cada um deles é importante, e que, executando bem seus trabalhos, ajudam a empresa. Penso que isso também faz lembrar os executivos sobre a função de seus trabalhos: servir aos outros.

O vice-presidente de recursos humanos da Fortune 100 disse-me alguns anos atrás que foi responsável pelo planejamento de uma sessão estratégica para todos os outros vice-presidentes, que estariam chegando de várias partes do mundo. Sua tarefa? Tornar suas empresas mais orientadas para a prestação de serviço. Ele balançou a cabeça em desespero ao me perguntar: "Como esses homens (e eles todos eram homens) vão criar uma empresa baseada na prestação de serviços quando eles mesmos não sabem o que fazer? Em casa, eles têm esposas que fazem tudo para eles. Basicamente, eles só aparecem e pagam as contas. No escritório, as secretárias funcionam como segundas esposas, controlando mensagens, comprando presentes e até mesmo fazendo investimentos para eles. Como posso ajudá-los a entender o que significa servir?"

Esse vice-presidente precisava enviar os outros vice-presidentes para a "escola de charme para executivos", sobre a qual o consultor administrativo Robert Rosenfeld havia falado (comunicação pessoal, março, 1994). A idéia de Rosenfeld era ter um restaurante como parte da escola, onde os executivos trabalhariam como garçons e garçonetes, para aprender a servir.

As organizações que desenvolvem a Virtude da Nova Administração da prestação de serviços e dão extraordinária satisfação são as únicas que serão bem-sucedidas. A PepsiCo International está se transferindo para os antigos países do bloco soviético e, de acordo com Arvid Yaganegeh, inicialmente um dos responsáveis pelas franquias da Pizza Hut e da KFC, tem "varrido a concorrência graças à nossa qualidade e ao nosso serviço" (comunicação pessoal, 1994). A PepsiCo estima que 65% de seus negócios são contratados novamente devido à qualidade e à segurança de seus serviços.

Servir às necessidades do cliente ajudou a Mothers Work Inc., empresa de Rebecca Mathias, a progredir de um negócio quase falido de pedidos por correspondência para uma rede de 450 lojas de varejo (Bird, 1996; Mangelsdorf, 1992). No início, Mathias anunciava em grandes publicações e recebia cem pedidos de catálogo, mas sem vender nada. Em vez de abandonar o negócio, ela se dirigiu diretamente ao cliente para ver o que estava errado. Ela ligou pessoalmente para todas as cem pessoas e perguntou por que não haviam comprado nada. Esse ensinamento de atenção com o cliente permanece ainda hoje com a empresa.

O fabricante britânico Cookson Group, que tem treze mil empregados em duzentas fábricas ao redor do mundo, quase foi à falência em 1990 (Cookson Group, 1996; Whitley, 1994). Depois que um novo diretor executivo, Richard Oster, foi nomeado, importantes mudanças ajudaram a salvar a empresa. Uma dessas mudanças foi uma nova devoção no serviço ao cliente. A meta da empresa é ser "extraordinariamente sensível" às necessidades do cliente e fazer tudo o que é possível para atendê-las, bem como antecipar quais serão as futuras necessidades. Depois de seis anos, a filosofia de Oster mostrou sua força no mercado de prestação de serviços. A Cookson aumentou suas vendas, seus lucros e seus dividendos. Seus lucros elevaram-se a 60% em seis anos, desde que voltou a atenção para a prestação de serviços.

A prestação de serviço não se dá apenas fora da organização. Com as Virtudes da Nova Administração, os supervisores servem também aos empregados, o que requer uma alteração no que se pensa ser a administração. O trabalho dos administradores, diz Peter Drucker (1989), é remover os obstáculos e ajudar os empregados a fazer seus trabalhos mais facilmente. Os administradores deveriam realçar o potencial dos empregados, bem como tornar suas fraquezas irrelevantes – ou seja: não criticar ou fazer vista grossa, mas tornar *irrelevantes* as deficiências. Por exemplo: Robert Rosenfeld administra sua empresa Connection Systems, Inc., usando o conceito de Ducker. Se alguém é altamente criativo, mas inábil com detalhes, Bob não desmerece a deficiência, mas comemora o que existe de positivo. Nesse caso, ele determina trabalhos que demandem alta criatividade e que não se ocupem com detalhes, deixando os últimos para outros, que dispõem dessas habilidades. A PepsiCo também mostra como a prestação de serviço pode ser estendida além dos clientes, em direção aos empregados. Suas bases corporativas em Purchase, Nova York, contrataram um zelador para servir a todos os seus oitocentos empregados, dos diretores executivos ao funcionário responsável pela correspondência. O zelador se encarrega de diversas tarefas, desde comprar ingressos para concertos até contratar babás e pessoas para consertar um teto. Esse benefício máximo para os empregados foi adotado no começo de 1993, quando uma pesquisa mostrou que os trabalhadores estavam excessivamente cansados e dispunham de pouco tempo para assuntos pessoais. A PepsiCo sabe, tal como outras empresas, que é necessário oferecer algo mais para atrair um pessoal de qualidade. Sua postura é: "Precisamos nos assegurar de que ainda somos excelentes empregadores" (Lopez, 1993).

Humildade

Quando aliada à competência, a humildade desencadeia grande força nas organizações. A humildade não é um tema muito comum na literatura empresarial, ainda que seja um elemento essencial para a prestação de serviços de alta qualidade, bem como relevante para a relação entre clientes e empregados. Como se pode prestar bons serviços sem que o empregado seja dotado da vontade de servir? Para se colocar num nível inferior ao do cliente é preciso imparcialidade, e essa Virtude da Nova Administração chamada humildade.

Adotar o conceito de humildade é particularmente difícil para os administradores que pensam sob a influência do velho paradigma. A humildade não casa com a imagem geralmente aceita de um executivo forte e agressivo no controle. Sem uma profunda e verdadeira humildade – ou mesmo a idéia de liderança servidora proposta por Greenleaf, executivo da AT & T (1977) – o que ocorre é que, em geral, os administradores sem querer abusam de seu poder sobre os empregados. Eles confundem lealdade por parte do empregado com obediência e acatamento, sem perceber os graves ressentimentos que isso gera. Mais tarde, à medida que as frustrações dos administradores aumentam e os mesmos descobrem que seus "pouco imaginativos" subordinados não têm relatado problemas, eles dirão furiosamente: "Mas por que você não me contou isso antes?" Esses administradores sentem, dentro de si, que são justos e honestos com relação ao seu "indigno" pessoal, sem jamais entender como a sua própria arrogância gerou a falta de iniciativa dos empregados. Para superar essa freqüente expectativa subconsciente de obediência e acatamento, os administradores precisam aprender a confiar, pois "da confiança parte a autoridade" (Bartholomé e Laurent, 1986).

Entregue-se humildemente; então você será encarregado de cuidar de todas as coisas.
— Lao Tsu, 1989, p. 15

"Quando um homem é amado?"
"Quando ele se despoja da vaidade."
— Hindu, *Bhagavad Gita*, 12:13

Uma empresa que usa seriamente a Virtude da Nova Administração e a liderança no serviço é a Hewlett-Packard (George Starcher, comunicação pessoal, fevereiro, 1996). Se os administradores se concentram em interesses pessoais, os subordinados nos trarão pouco engajamento e procurarão mudar de unidade. Um administrador, por exemplo, tinha o hábito de atribuir a si próprio o mérito sobre coisas que outros faziam e se achava auto-suficiente. Após uma reestruturação, ele foi o único que não encontrou um novo posto dentro da H-P, pois nenhum dos outros administradores o queria em suas unidades.

Em muitas organizações, a insubordinação não é vista sob uma luz positiva. Na H-P, existe uma política de portas abertas, independentemente do nível hierárquico. Se um supervisor cria obstáculos ou desencoraja seus subordinados a atravessar hierarquias em casos de conflito, o comportamento do supervisor é visto de forma negativa. A empresa tem o hábito de proteger a liberdade de expressão e a abertura. Como resultado, é possível (e assim o fazem) atrair e manter um pessoal de melhor qualidade que o de seus concorrentes, há menos resistência às mudanças e podem, ainda, pagar menos que a concorrência em troca de mais estabilidade no emprego.

*Aquele que exalta a si próprio será humilhado
e aquele que humilha a si próprio será exaltado.*
— Cristianismo, *Bíblia*, Lucas 14:11

Falta de Humildade

Todos cometem erros. Líderes-servidores podem admitir que agiram mal e sentir remorso verdadeiro por terem causado dor em outros, ao passo que os administradores enredados no próprio ego terão dificuldade para assumir seus próprios erros e pedir desculpas com sinceridade. Este é outro motivo pelo qual o amor sem egoísmo é importante para a lei espiritual e para a prática das Virtudes da Nova Administração. Pelo fato de que o ego e o amor não-egoísta são basicamente incompatíveis, trabalhar pelo despojamento do egoísmo é algo que ajuda a romper o ego.

No mundo dos negócios vemos exemplos de comerciantes desonestos e inescrupulosos que perdem milhões de dólares de outras pessoas, enquanto eles mesmos acabam por ganhar outros milhões. Pessoas envolvidas em desastres econômicos e financeiros no tribunal demonstram que não têm nenhum remorso com relação às suas vítimas. Milhões de dólares foram ganhos através da compra de empresas por seus administradores usando capital vindo de fora. E esses administradores viram suas próprias empresas sendo desmanteladas e milhares de pessoas perderem seus empregos. Havia diretores executivos que recebiam milhões em bônus, enquanto suas empresas perdiam dinheiro, cortavam salários e dispensavam funcionários.

Há ainda o caso dos três executivos norte-americanos do ramo automobilístico que foram contratados para salvar a Tatra, empresa tcheca fabricante dos tratores mais pesados e duráveis do mundo, e que então estava em apuros (Tully, 1991; "Tatra", 1993; "Czech Privitisation", 1994; Fleet Sheet, 1993; Branegan, 1994; King, 1994; Jaroslav Jirasek, comunicação pessoal, janeiro, 1995). Sob o comunismo, os veículos de carga da Tatra eram um dos primeiros produtos em escala mundial da República Tcheca; eles são os únicos veículos, em todo o planeta, que podem andar sem equipamento adicional em temperaturas tão baixas como cinqüenta graus Celsius abaixo de zero (ou menos cinqüenta e oito graus Fahrenheit). É por isso que eles são os únicos veículos viáveis para lugares como os campos de óleo da Sibéria. A Tatra sofreu graves perdas depois do colapso de seu maior mercado – a União Soviética e seus países-satélites. Nos primeiros dias da reforma de mercado, qualquer coisa vinda dos Estados Unidos parecia mágica para os tchecos, que acreditaram que a ajuda vinda do outro lado do Atlântico poderia operar milagres. Consultores norte-americanos e administradores expatriados fizeram pouco para dissuadir esse pensamento quimérico e, na verdade, tiveram também sua quota de ambições e otimismo desmesurados. Em 1993, um contrato foi feito entre a Tatra e três bem-sucedidos executivos da área de automóveis e veículos de carga, com um dos executivos sendo nomeado presidente do conselho de diretores da empresa.

Num país em que a renda pessoal média ainda está em torno de US$ 250 por mês, esses três executivos recebiam uma notória importância coletiva de US$ 120.000 por mês, para comparecer na fábrica cinco dias, cada um (num total de quinze dias), por mês. Além disso, se houvesse uma reviravolta rumo ao sucesso (sobre a qual os norte-americanos pareciam seguros), eles receberiam 15% das ações ordinárias da empresa. Mesmo depois de ter sido nomeado para dirigir uma das maiores corporações dos Estados Unidos, o presidente declarou que estava apto a cumprir ao mesmo tempo suas responsabilidades com a Tatra.

Dezoito meses depois, ficou claro que aquilo que se tornou conhecido como "administração via fax" não era trabalhar, pois a empresa havia perdido US$ 24 milhões em 1993 (em comparação com os US$ 6,2 milhões em 1992). A diretoria pôs fim ao contrato em setembro de 1994 e foi forçada a pagar uma enorme quantia aos três executivos.

As intenções dos norte-americanos até podiam ser puras no começo. Mas, no fim, eles abandonaram tudo sem nenhuma justificativa visível, em vez de anunciar que esperavam concluir todo o contrato, colocando a culpa pelas perdas no "mercado" e na "economia mundial" e dizendo que tinham "feito um grande negócio". Nunca saberemos as conseqüências desse problema para o trio de executivos, mas um dos resultados que a Tatra colheu foi uma nova e extrema precaução para com a assistência técnica prestada por norte-americanos. O dinheiro gasto com os três executivos poderia ter sido usado para contratar trinta dos mais brilhantes administradores da República Tcheca. Ou poderia ter pago o salário de trezentos trabalhadores a mais nas fábricas.

Nem todos os administradores são destituídos de humildade. O Odessa College, em Odessa, Texas, tinha um vice-presidente financeiro agressivo que ganhou milhões de dólares para o colégio durante três anos, negociando derivados. Aparentemente, ele tinha o apoio da administração, incluindo o presidente, que sabia que a empresa estava num jogo de alto risco. Finalmente, em 1994, à medida que as taxas de juros derrubavam as garantias de ganhos fixos, a faculdade perdeu mais de dez milhões de dólares – quantia que era superior à arrecadada em três anos de negócios. Como resultado, a faculdade teve de reduzir drasticamente seu orçamento e tomar emprestado outros dez milhões de dólares. Vinte e dois professores foram aposentados prematuramente e, numa ação pouco habitual, o presidente renunciou ao seu salário de US$ 122.500. Não apenas o presidente parecia exibir sua humildade, como também o vice-presidente financeiro, que deixou a faculdade, ainda que ninguém o tivesse acusado como responsável por algum erro (Knecht, 1994).

Falhas como estas acima descritas têm o condão de aumentar a humildade naqueles que estão abertos para compreender seu papel nos resultados. Ao comparar os comportamentos sob a luz da lei espiritual, a humildade pode resultar da consciência de uma ausência pessoal de virtudes, como a confiabilidade, a união, o respeito e a justiça, e, assim, a sabedoria pode ser conseguida (Jeffrey Mondschein, comunicação pessoal, 1994).

Gerando Serviço

A prestação de serviços pode ser adotada por administradores que praticam a humildade assumindo o papel de líder-servidor, em vez de uma liderança mais corriqueira, em que se determina tudo quanto for possível para que outros o façam. O que essa abordagem quer dizer é que o gerente quer tomar conta, em vez de ser cuidado. Pedir aos executivos e gerentes para que "trabalhem nas bases", seja na manufatura de produtos ou trabalhando efetivamente com clientes, ajuda a elevar seu apreço por um bom serviço, bem como seu senso de desprendimento. O Quadro 3.10 arrola alguns dos fatores que podem gerar ou impedir a prestação de serviços e a humildade numa organização, e o Quadro 3.11 pode ser usado para avaliar quais fatores influem na prestação de serviços na sua empresa.

Uma Abordagem Integrada

Temos considerado cada uma das Virtudes da Nova Administração como idéias separadas, a fim de descrevê-las e discuti-las com mais facilidade. Na prática, no entanto, uma empresa que opera de acordo com as Virtudes da Nova Administração descobrirá que cada virtude está relacionada com uma outra, dentro de uma maneira integrada e inconsútil de fazer as coisas.

Por exemplo: o controle administrativo e o comando sobre a tomada de decisões (o velho paradigma) são baseados na dominação. Eles estão sendo substituídos, entretanto, pelos novos conceitos paradigmáticos de liderança engajada e de decisões consensuais, o que requer não apenas união (para que os trabalhadores também estejam engajados), mas também confiança, para que os trabalhadores se sintam seguros o bastante para se expressar durante discussões em grupo. Estruturar-se em equipe – o que pode resultar num trabalho importante

Quadro 3.10. Fatores que Podem Ter Influência sobre a Prestação de Serviços nas Organizações

	Gera Serviço	Impede o Serviço
Dentro do Meu Controle	1. Tento ajudar os que estão perto de mim, sempre que possível. 2. Às vezes, consigo atuar como líder na prestação de serviços.	1. Com freqüência delego pequenas coisas ao meu redor e perco a noção do que é servir, a não ser servir a mim mesmo. 2. Tenho sido criticado por não me desculpar o bastante quando cometo erros.
Fora do Meu Controle	1. Nossa empresa estimula os administradores a trabalhar periodicamente em postos mais baixos durante todo um dia, para que entendam o que é servir e ter desprendimento.	1. Em vez de uma disposição para servir, há excessivo empenho em conquistar a aprovação do chefe. 2. Alguns administradores estão com o ego muito inflado e tendem a servir apenas a si próprios.

Quadro 3.11. Que Fatores Exercem Influência sobre a Prestação de Serviços na Minha Empresa?

	Gera Serviço	Impede o Serviço
Dentro do Meu Controle		
Fora do Meu Controle		

– requer respeito e dignidade, pois, sem essas qualidades, o resultado será da ordem de um pensamento homogêneo ou de uma equipe coletivista em que todos os membros pensam quase igual.

Ou considere a Virtude da Nova Administração da prestação de serviço e da humildade. Para alcançar a humildade, os administradores devem confiar mais. Uma das maneiras de criar confiança é comportar-se de uma maneira mais confiável, bem como tratar cada pessoa com justiça e dignidade. Se os subordinados percebem a injustiça e o desrespeito, a confiança se evaporará. Para desenvolver a humildade é essencial que se desenvolva, também, a confiança, a justiça e o respeito.

No próximo capítulo, veremos em detalhe como essas Virtudes da Nova Administração operam, em prática, para os administradores e as organizações.

Quem tem caráter e discernimento é justo, fala a verdade e faz aquilo de que é incumbido – este é admirado por todos.
— Budismo, *Dhammapada*, 217 (1965, p. 34)

Capítulo Quatro

AS VIRTUDES DA NOVA ADMINISTRAÇÃO EM AÇÃO

É do entendimento que vem o poder.
— *Alce Negro, Místico Indígena Norte-Americano*

O mais importante esforço humano é a luta pela moralidade em suas ações. Nosso equilíbrio interior e mesmo nossa própria existência dependem disso. Só a moralidade nas ações pode dar beleza e dignidade à vida.
— *Albert Einstein*

Se as pessoas podem crescer espiritualmente, o mesmo pode acontecer com as empresas. Neste capítulo, apresento algumas das organizações que vêm aplicando as leis espirituais e as Virtudes da Nova Administração, entre elas, empresas norte-americanas e uma brasileira. Algumas dessas empresas se valem de práticas espirituais sem, no entanto, chamarem-nas por esse nome, ao passo que duas delas são aberta e intencionalmente fundadas sobre a espiritualidade. Cada empresa descrita tem seu próprio modo de ser espiritual, exibindo força em diferentes áreas.

"Deus é o Meu Ponto de Referência"

Pelo menos uma empresa imensamente bem-sucedida está abertamente baseada na espiritualidade. O presidente C. William Pollard acredita que honrar a Deus é o melhor de todos os princípios de administração, vendo Deus como seu ponto de referência. Ele sabe que sua empresa, que evoluiu de um negócio regional de limpeza de tapetes para uma operação de US$ 4 bilhões, com 36.000 empregados, precisa de uma força unificadora. Para a ServiceMaster, essa força é a crença em Deus (Young, 1994; Dubashi, 1994).

A ServiceMaster deu, pelo menos, um passo adiante, em vez de apenas deitar os olhos sobre a Virtude da Nova Administração da unidade. Essa empresa controla hospitais e enfermarias; presta serviço às residências, por meio de suas divisões de tratamento de pragas, gramados (TruGreen-ChemLawn) e limpeza (Merry Maids); e fornece, ainda, guarda, alimentos e administração de terras para instituições educacionais. Ela tem como tema "a união dentro da diversidade", e este é um de seus principais objetivos. Diferentemente de outras organizações que falam sobre a ideologia da diversidade mas não aplicam internamente esses conceitos, a ServiceMaster está empenhada em tornar reais as mudanças no nível corporativo. A administração sente que ter diversidade pode ser um trunfo para a empresa, se a contribuição de cada pessoa for vista como valiosa e se a empresa for capaz de se utilizar da diferença entre as pessoas. Esta é uma abordagem bem diferente das tradicionais, que vêem a diversidade como um processo pelo qual um grupo minoritário aprende a se incorporar à maioria (Cantu, 1994).

Essa filosofia funciona? Se olharmos para as provas materiais do sucesso da empresa, a resposta é evidente: funciona. Durante o ano de 1993, os rendimentos da ServiceMaster foram de US$ 3,9 bilhões, com uma receita 20% mais alta do que a do ano anterior. Em 1994, os lucros aumentaram em 21%, com uma surpreendente elevação de 45% na divisão de serviços ao cliente. 1994 foi o vigésimo quarto ano consecutivo de crescimento em lucros e rendimentos. Durante todo esse período, os rendimentos cresceram 19% (taxa composta) e os lucros, 22%. A empresa tem aumentado sua base de clientes, com impressionante retorno de investimento. A receita continuou a crescer 25% em 1995 (ServiceMaster, 1996). Atualmente, a ServiceMaster está na faixa dos 5% na Bolsa de Valores de Nova York, graças à sua consistência na distribuição e no pagamento dos dividendos aos acionistas (ServiceMaster, 1994, 1995a; Henkoff, 1992). A ServiceMaster não está satisfeita apenas com o progresso material. Ela também tenta dar algo em retribuição à comunidade. Em conseqüência disso, em junho de 1994, a empresa recebeu o prêmio "Chip Verde", sendo citada sua capacidade de combinar um quadro financeiro forte com uma visão social, incluindo compromissos corporativos, impacto ambiental, delegação de poderes aos empregados e relacionamento com a comunidade.

Com essa considerável marca, podia-se esperar que ser lucrativa fosse o objetivo número um da ServiceMaster. Mas não, de acordo com seus objetivos corporativos, que são, em ordem de prioridade: "Honrar a Deus em tudo o que fazemos, ajudar as pessoas a se desenvolverem, buscar excelência e aumentar sua rentabilidade" (Cantu, 1994, p. 9).

A ServiceMaster afirma que os dois primeiros objetivos são os verdadeiros objetivos finais e que os dois últimos são apenas meios para se atingir tais fins. Como isso é diferente do que se considera a norma ou daquilo que, na verdade, se acredita é o papel essencial de uma empresa, ou seja, aumentar a riqueza dos acionistas! Ainda que a rentabilidade seja o último de seus quatro objetivos, a ServiceMaster tem sido capaz de conseguir mais do que um sucesso médio, nos últimos vinte e quatro anos.

Olhando além do primeiro objetivo, encontraremos o alicerce espiritual sobre o qual a empresa parece estar assentada. Na verdade, a primeira página de todos os relatórios anuais inclui uma citação do Velho Testamento, tal como no de 1994: "E viu Deus todas as coisas que tinha feito, e eram muito boas" (Gênesis 1:31).

Construindo Relações

Vemos nossa reputação [em termos de integridade] como um trunfo tão importante para os nossos negócios quanto a alta tecnologia que desenvolvemos e apresentamos no mercado.
[Skooglund, 1994, p. 1.]

A Texas Instruments (TI) é um fabricante de semicondutores de alta tecnologia. Ela possui rendimentos em torno de US$ 10 bilhões e 60.000 empregados em trinta países.

A TI deve muito de seu sucesso a uma Virtude da Nova Administração – a confiança – tal como é demonstrada por sua abordagem dinâmica da ética e da moralidade. O diretor de ética Carl Skooglund me disse que a TI foi uma das primeiras empresas a desenvolver um código de ética (em 1961) e tem-se conservado em elevados padrões de integridade e abertura (comunicação pessoal, dezembro, 1994). Ainda na década de 80, os líderes da TI estavam preocupados com a corrupção, os processos criminais e as sentenças condenatórias que envolviam executivos e administradores norte-americanos e com o fato de que, numa empresa tão grande e complexa como a TI, a menos que medidas mais dramáticas fossem tomadas para assegurar em todo o mundo a integração da ética proposta pela TI, havia o perigo de erosão dos alicerces morais da empresa. Os empregados foram, e ainda são, envolvidos num ambiente de mudanças rápidas, onde muitas decisões difíceis devem ser tomadas diariamente, relativas a pedidos reticentes, sem uma resposta claramente certa ou errada. Já na década de 80, as pessoas confiavam na TI, e a administração da empresa queria que isso se mantivesse. "As pessoas querem fazer negócios com quem se pode confiar", diz Skooglund (1994, p. 2), e a confiança é claramente o alicerce para todas as relações comerciais sólidas. "A confiança só é estabelecida quando existe uma reputação de ética e de integridade. Quando negociamos com o outro de forma aberta e honesta, isso permite que alcancemos o máximo em nossas relações."

O escritório de ética da TI foi criado em 1987 com um propósito triplo. O primeiro propósito era o de definir expectativas e necessidades. O segundo era o de comunicar esses princípios éticos pelo máximo de veículos possível, incluindo folhetos e um artigo semanal de notícias lançado no sistema de correio eletrônico (*e-mail*) em 30.000 terminais ao redor do mundo. Entre os tópicos desses artigos estavam: como definir se um presente é aceitável; como conseguir direito de patente em outros países; intercâmbio adequado de informações; como lidar com uma série de cartas; as muitas faces do roubo, incluindo a cópia de programas de computador, e assim por diante. Mais recentemente, o escritório de ética produziu uma série de mais de cinqüenta fitas, com menos de cinco minutos cada, sobre dilemas éticos, que os administradores podem exibir aos empregados como um meio para fomentar discussões.

O terceiro objetivo era o de criar uma rede de realimentação. Qualquer empregado da TI que tenha uma pergunta ou dúvida pode ligar, anonimamente se desejar, para uma linha telefônica gratuita nos Estados Unidos ou no Canadá, e enviar uma mensagem para uma caixa postal diferente nos EUA ou comunicar por meio de um terminal seguro e confidencial ligado a outros 30.000 terminais. No momento, o escritório de ética recebe cerca de 120 chamadas por mês, a maioria de pessoas com perguntas preventivas sobre o que fazer em determinadas situações.

O compromisso da TI em manter a confiança e a integridade é tão poderoso que, às vezes, chega a ser excessivo e desnecessário, num grande esforço para assegurar o resultado adequado. Depois dos produtos terem sido entregues num de seus contratos, a TI disse ao diretor de compras que uma leve variação técnica havia sido notada, o que poderia afetar, numa escala infinitesimal, o uso bem-sucedido do produto. Devido a uma pequena possibilidade de problemas, a TI teve uma grande perda, para que o produto retornasse e sofresse ajustes. O diretor de compras estava agradavelmente surpreso. Ele se declarou incapaz de cuidar de todos os aspectos do desempenho de uma empresa contratada, mas que, no futuro, ele sempre confiaria integralmente na TI. Compare isso com a Intel e seu circuito integrado Pentium, caso que se tornou quase um escândalo, no qual foram descobertas algumas pequenas imperfeições que afetariam apenas os usuários que precisavam executar complexas operações matemáticas. Inicialmente, a Intel disse que só substituiria o circuito para os usuários que a empresa achasse que realmente necessitavam de precisão. Depois, como resultado do clamor público, a Intel disse que substituiria o circuito para todos. A reputação da Intel não aumentou com esse incidente.

Uma empresa que queira se orgulhar de seus padrões éticos de integridade, diz Skooglund, deve ter três coisas em mente. Se uma dessas três coisas estiver ausente, os esforços serão percebidos como meramente simbólicos, destituídos de substância. Neste modelo, os líderes devem:

1. *Definir expectativas éticas* de modo implacável e vigoroso.

2. *Liderar por meio do exemplo pessoal*, pois são as ações e os comportamentos dos líderes que falam mais alto. Se houver um lapso entre a teoria adotada e a prática administrativa, a credibilidade será perdida. Fazer o apelo certo é uma ação poderosa, mesmo que signifique uma perda, a curto prazo, de lucros, mas é uma ação que demonstra, afinal de contas, o comprometimento em fazer as coisas da maneira correta a longo prazo. Essa modelagem de função é útil. Um empregado escreveu: "É mais fácil trabalhar numa organização em que você sabe que se fizer o apelo certo, ainda que de forma tosca, você receberá apoio."

3. *Abrir os canais de comunicação* para que todos se sintam livres para expressar seus pensamentos, opiniões e idéias. E o mais importante: os empregados devem acreditar que podem trazer à baila problemas sem medo de punição ou retaliação. Em geral, é das más notícias que os líderes precisam para tomar decisões inteligentes.

E quanto aos tempos difíceis?, perguntei para Skooglund, pois todas essas ações funcionam mais facilmente quando uma empresa se encontra num período próspero. Ele me relatou o que ocorreu quando a TI perdeu muitos de seus negócios anteriores relativos a contratos de guarda, que somavam 30% de suas atividades. Cortes foram necessários – mas como fazê-los de uma maneira ética e zelosa? De início, os empregados foram transferidos para outro setor da empresa, ou outros planos de ação mais intensos, objetivando o desligamento, eram postos em prática. Os administradores da TI comportaram-se de uma forma diferente dos administradores que se utilizam de práticas "normais" de negócios, em que a informação sobre as dispensas é mantida em segredo até o último minuto. Durante esse período, rumores sobre a verdadeira situação são, em geral, negados, para evitar aquilo que é esperado, ou seja, o funcionário é descartado depois de receber o bilhete cor-de-rosa. Um programa de notificação prévia, tal como o da TI, obriga a administração a dar conhecimento aos empregados tão logo um "excesso de funcionários" seja identificado, às vezes um ano antes de se efetivar a dispensa. A TI não pode mais oferecer a promessa de estabilidade de emprego por bons serviços prestados, pois os negócios e suas condições se alteram muito rapidamente. "Não controlamos o nosso mercado", disse ele. No entanto, a TI investe em peso no treinamento e crescimento dos empregados, não apenas em prol da empresa, mas também para assegurar que os funcionários não percam a oportunidade de conseguir outro emprego. Os executivos também parecem ter sensibilidade com relação aos outros em momentos difíceis. No meio de severas dispensas, a administração decidiu manter em depósito alguns móveis novos e já pagos, para evitar mágoa e ressentimento. Compare isto com a IBM. Ao mesmo tempo em que cortava milhares de empregados (na verdade, cortando milhares de famílias), a empresa também negociava um pacote de remuneração para o novo diretor executivo, Louis Gerstner, de US$ 3,5 milhões por ano, mais um bônus de US$ 5 milhões e US$ 500.000 em ações (Vogl, 1993).

Recursos investidos no desenvolvimento dos alicerces éticos e morais são saldados na TI. Os empregados disseram ao pessoal do escritório de ética que estavam orgulhosos de trabalhar para uma empresa que os mantém em padrões elevados. O escritório de ética também aprendeu que a maioria dos trabalhadores, dados os recursos e a assistência apropriados, quer fazer as coisas de uma maneira correta, o que ajuda a manter a TI "limpa". Como Skooglund (1994, p. 1) disse: "Entendemos que uma reputação de integridade é algo que não pode ser comprado. Ela deve ser obtida ao longo de um período de tempo."

O Executivo Poeta

O trabalho pode oferecer a oportunidade para o crescimento espiritual e pessoal, bem como financeiro. Se isso não ocorrer, estaremos desperdiçando, além dos limites, nossas vidas.

A administração é, na verdade, uma crença sagrada na qual o bem-estar de outras pessoas é posto sob o nosso cuidado durante grande parte das horas em que elas estão acordadas.

— James Autry, 1991, pp. 13, 15

Poucos pensariam que estas palavras vieram do presidente de uma grande e bem-sucedida organização. Autry ascendeu de escritor para editor e administrador até, enfim, alcançar a presidência da Meredith Magazine Group, que publica *Better Homes & Gardens* e *Ladies' Home Journal*, uma operação de US$ 500 milhões e novecentos empregados.

Mesmo com tão impressionante experiência, Autry ainda é criticado por ser ingênuo. Quando as pessoas fazem essa acusação, diz ele, isso significa que eles vêem a pessoa como "confiante demais" ou "não suficientemente paranóica". Ele acredita que a melhor política é confiar em todos e "presumir boa vontade", pois estas são as atitudes mais produtivas e gratificantes possíveis. Algumas pessoas irão se aproveitar disso? Sim, mas essas, em geral, são as únicas que fazem o trabalho abaixo dos padrões, que são desmascaradas de outras maneiras. A confiança de Autry é grande. Sem ela, não se consegue muito dos empregados.

Quem não confia o bastante não será digno de crédito.

— Lao Tsu, 1989, p. 19

Mas... o que a maioria das empresas faz? A administração planeja muitas formas de fazer com que os empregados não se sintam confiados (tais como: controle excessivo; interrogando-os sobre o uso de fundos, despesas e faltas por problemas de saúde; suspeitas sobre horas de almoço e pausas para café muito prolongadas, e dias adicionais tirados para viagens de negócios), e até há administradores que devotam partes significativas de suas carreiras a "todas essas trivialidades" (Autry, 1991, p. 125), com um resultado previsível: quando os funcionários não são tratados de forma digna, eles não se sentem confiados e, no final, não confiam na administração. É a Sabedoria do Amor novamente, mostrando as conseqüências de ser tratado como indigno de confiança. Pare de ser um policial e comece a ser um administrador, um motivador – diz Autry. Deixe que as pessoas saibam que você confia nelas, acreditando e dando-lhes o devido valor, esperando que elas farão o trabalho delas. Não é dessa maneira que os administradores querem ser tratados por seus chefes?

Ser digno de confiança certamente requer honestidade, o que é sempre a melhor política, declara Autry. No entanto, à guisa de honestidade, muitas vezes os administradores racionalizam a falta de tato. Eles acham que isso é mais eficiente. Pelo fato de que esse comportamento ineficaz requer brutalidade, economiza-se tempo mas destroem-se as relações, o que, no fim, é sempre prejudicial.

O amor e o cuidado são os alicerces do estilo de administrar de Autry, e ele acha incompreensível pensar em administração sem cuidado, o que é bem oposto à visão que prevalece. Mais do que se ufanar sobre o modo com que a empresa era dirigida com princípios e tecnologias bem-desenvolvidos, Autry preferia enfatizar como ela conta com a força que existe no coração humano.

Autry também descobriu que a paciência vale a pena, no fim das contas. Em vez de pensar pelas pessoas, os administradores conseguiram resultados melhores quando acreditaram que os empregados viriam com idéias próprias, ainda que isso tomasse muito tempo. No final, confiar nos empregados foi mais eficiente, pois as idéias tornaram-se, assim, *idéias dos empregados*, e, previsivelmente, eles depositaram mais energias em busca dos resultados. Essa abordagem em geral requeria paciência por parte da administração, que "sabia" que estava certa.

Confie na TDI

A TDIndustries, uma empresa mecânica de contratação e prestação de serviços no Dallas, fundada em 1946, quase foi à ruína em

1989 (Liebig, 1994). Ela sobreviveu graças à devoção de 750 empregados e à já antiga cultura da empresa de confiança mútua, treinamento e crescimento, comunicação e empregados detendo parte das ações da empresa. Esses valores não são falsos. A TDI foi listada por Levering e Moskowitz (1993) como uma das cem melhores empresas norte-americanas para se trabalhar. Alguns entrevistadores perguntaram à TDI que tipos de programa foram usados para criar um nível tão alto de confiança. Quando a TDI respondeu que usava informações sobre partilha nos lucros, organizava encontros entre o proprietário e grupos de vinte empregados durante um dia todo, cuidava para que não houvesse atitudes de empáfia na administração, contribuía para a implementação ativa da participação dos funcionários e para uma intensa e sincera centralização sobre a qualidade e a inovação, a resposta não foi suficiente. Os entrevistadores queriam saber a respeito dos programas usados para gerar confiança – por que a TDI era vista como digna de confiança por seus empregados? A resposta de um administrador da TDI foi: "Porque sim. Porque ela é uma empresa confiável. Novos empregados (chamados de "TDParceiros") recebem uma afirmação de valores sobre liderança, que declaram que os líderes: a) servem primeiro àqueles que os dirigem...; b) não dizem: 'continuem', mas sim 'vamos lá!'; c) pensam que seus seguidores estão trabalhando com eles... e que eles partilharão da recompensa...; d) são 'construtores' de pessoas; e) usam o coração, bem como a cabeça...; f) podem ser liderados. Eles não estão interessados em ter o seu próprio jeito, mas em encontrar o melhor jeito" (Liebig, 1994, p. 106).

Ao contrário da maioria das afirmações de metas, a TDI começa a sua com a preocupação quanto ao crescimento do empregado (TDIndustries, 1994): "Estamos comprometidos em oferecer importantes oportunidades de carreira ao ir além da expectativa de nossos clientes por meio de um aperfeiçoamento contínuo e agressivo." Os principais administradores da TDI se encontraram em 1993 para determinar uma visão do futuro. Uma estratégia para alcançar seus objetivos de crescimento dos negócios e da rentabilidade era "concentrar-se em menos clientes, para servi-los melhor" (Lowes, 1994). Imagine uma empresa que reduz intencionalmente sua base de clientes para cuidar, de forma mais eficiente, das necessidades dos mesmos. Essa atitude serve não apenas para criar confiança, mas para considerar a prestação de serviço como uma das estratégias mais elevadas da empresa. Como essa estratégia se traduz em ajuda prática para os clientes? Num exemplo: o projeto da TDI para a East Texas Baptist University resultou numa redução de cerca de 28% dos custos de energia em prol da universidade ("New Energy Saving System", 1993).

A Sabedoria do Amor nos diria que a confiança não é possível sem que os escalões mais altos sejam dignos de confiança e sem que os principais administradores partilhem informações com os escalões inferiores, evitando segredos e conspirações. "A abertura é a ação manifesta da confiança. Se o sistema não é aberto, não se pode falar em confiança", diz Jacques Chaize, diretor da SOCIA, na França (Liebig, 1994, p. 113). As idéias de Chaize espelham os valores afirmados pela Rede Européia de Ética nos Negócios, incluindo não apenas confiança e abertura, mas também transparência. Como a abertura, a transparência revela a informação de forma aberta, evita os segredos e ajuda a estabelecer uma confiança profunda e duradoura.

Justiça na Hewlett-Packard

Parte do folclore da Hewlett-Packard (H-P) refere-se à liderança na empresa e diz muito sobre o que ela defende. Alguns anos atrás, a administração da H-P descobriu que um funcionário responsável pelas compras tinha, astutamente, negociado um contrato por um preço muito mais baixo do que o normal para a H-P. Naturalmente, o funcionário estava bastante orgulhoso de sua façanha. Depois que a administração tomou conhecimento de que o preço contratado não daria nenhum lucro para o fornecedor, foi feita uma ligação imediata para este. Depois de confirmar os fatos, a administração renegociou um preço novo e "justo", que permitiria, a ambas as partes, um lucro razoável. Graças à preocupação da H-P com essa Virtude da Nova Administração chamada justiça, estava lançada a base para uma relação longa e lucrativa. Esse fornecedor empenhou-se, de forma consistente, para fornecer qualidade impecável, entrega dentro do prazo e sugestões para o aperfeiçoamento do produto. Ou seja: ele se tornou um verdadeiro parceiro para a H-P, ajudando-a, essencialmente, a tornar-se mais rentável.

Exatamente o oposto ocorreu com a General Motors (GM), que sofreu um corte de despesas nos últimos anos e apertou os fornecedores para reduzir ao máximo as despesas. Como resultado, a GM está apresentando problemas de qualidade, recebendo reclamações de seus clientes e assim por diante, ao passo que seus fornecedores indicam seus melhores engenheiros para outros clientes, com os quais é possível colaborar de forma mais rentável e justa (George Starcher, comunicação pessoal, setembro, 1995). O homem responsável, por excelência, pela redução de despesas era José Ignacio Lopez de Arriortua, o "Grande Inquisidor" (Jenkins, 1996, p. 6), que rompia contratos e ignorava acordos com fornecedores, sabendo que os últimos sucumbiriam a esse cliente colossal. Mesmo antes de seus problemas na VW (de onde ele foi virtualmente forçado a se retirar no final de 1996), ele era citado como um traidor. Os quartéis-generais da GM não pareciam importar-se com isso, uma vez que ele cortou US$ 2 bilhões em trezentos dias de trabalho. Na época em que deixou a GM, uma diminuição nos lucros já começava a aparecer; as linhas de montagem do Oldsmobile e do Cadillac entraram em desordem, pois um fornecedor de baixo custo não conseguia cumprir o prazo de entregas.

A Hewlett-Packard concretiza outras das Virtudes da Nova Administração também (Hewlett-Packard, 1989). Suas exigências empresariais incluem:

1. "Confiança e respeito pelas pessoas" (p. 2). Eles atraem pessoas muito capacitadas e inovadoras para a organização, oferecendo-lhes oportunidades para aumentar seus conhecimentos e suas capacidades (respeito e dignidade).

2. Objetivos e liderança que "gerem entusiasmo" (p. 2) em todos os níveis (respeito e dignidade; prestação de serviço).

3. Integridade e honestidade inflexíveis em todas as suas relações; qualquer coisa inferior aos mais elevados padrões de ética nos negócios é inaceitável (confiança).

4. Todos os níveis trabalhando em uníssono pelos objetivos da empresa, entendendo que eficiência e realização só podem ser atingidos por meio de um esforço de efetiva cooperação (união).

Como as Virtudes da Nova Administração são postas em prática na H-P? Aqui seguem alguns poucos exemplos dos resultados. Primeiro, a H-P tem uma grande reputação de honestidade e confiança no que diz respeito aos direitos alfandegários. Como resultado, há muito menos inspeção em seus embarques, acarretando a liberação e a entrega mais rápida de seus produtos por um custo mais baixo.

A H-P tem uma boa política corporativa de cidadania e um histórico de filantropia. Ela oferece regularmente equipamentos avançados para instituições educacionais e organizações sem finalidade lucrativa, especialmente nas áreas de educação científica e matemática. No nível regional, a H-P doou uma quantia significativa de dinheiro para a piscina do município em que está localizada sua sede; ela também contribui de forma ativa para escolas e para outras entidades. Em conseqüência disso, a comunidade comprará produtos da H-P, em detrimento da concorrência, e a H-P pode manter e recrutar o melhor pessoal com mais facilidade. Os empregados gostam de saber que seu empregador se preocupa com a comunidade.

Mas por quê? Qual é a influência desses valores sobre o mercado? Todas essas políticas e virtudes realmente ajudam a H-P a aumentar seu sucesso? Sim, pelo menos na atual conjuntura.

Dez anos atrás, a H-P, inventora das calculadoras portáteis, teve que se retirar dessa fatia do mercado por causa das calculadoras japonesas, mais baratas e mais bem projetadas. Igualmente, em 1985, o Japão produziu 80% de todas as impressoras compradas pelos norte-americanos, e o jornal *The Wall Street* identificou esse mercado como "o baluarte da indústria japonesa". Mediante uma sensata reestruturação corporativa, baseada nas virtudes previamente mencionadas, na inovação, no empreendimento e na rejeição do individualismo grosseiro da cultura do *cowboy* (Yoder, 1994, p. 7), a H-P conquistou o mercado perdido e vendeu cerca de US$ 8 bilhões de impressoras em 1993, número maior que os lucros anuais de bilheteria de Hollywood. Atualmente, a H-P controla 55% do mercado mundial de impressoras a jato de tinta (Yoder, 1994).

A empresa não conseguiu essa reviravolta utilizando-se de estratégias ditatoriais ou por meio de manobras financeiras sofisticadas; nem cortando despesas, abusando ou tirando vantagem dos empregados; tampouco usando jogos de poder em sua sede. A H-P atingiu o sucesso contratando e mantendo pessoas dinâmicas, tratando-as bem, estimulando-as, premiando as que se arriscavam e portando-se, sempre, de maneira confiável.

Deixe que as Empresas Sejam Regidas pela Sabedoria

"Não é socialismo(...) Não é puramente capitalismo, também. É um novo caminho. Um terceiro caminho. Um modo mais humano, confiante, produtivo, animador e, em todos os sentidos, compensador [Semler, 1993, p. ix].

Ricardo Semler assumiu a direção da moribunda Semco em 1980, sucedendo ao pai, e dando início, imediatamente, a um programa de mudanças. No curso de vários anos, ele transformou completamente a empresa, que agora é o maior fabricante de maquinários marítimos e de processadores de alimentos no Brasil. Essa transformação foi realizada "recusando-se a desperdiçar o [seu] maior recurso: o [seu] pessoal" (1993, p. 7). A Semco é uma empresa na qual se espera que os empregados desempenhem bem seus papéis e ajam de forma confiável. Em resumo: Semler trata os empregados com respeito e dignidade.

Seus métodos são baseados na participação, inclusive nos lucros e na informação. Ao conferir poder a seus empregados, Semler impeliu sua empresa a um crescimento surpreendente nos lucros em dez anos, a despeito de a situação econômica brasileira estar inacreditavelmente difícil e imprevisível. A Semco não tem secretárias, paredes, quadro horário ou exigência de uniformes. Os administradores determinam seus próprios salários e são avaliados regularmente por seus subordinados, que preenchem um inventário; os resultados são afixados em quadros de comunicados. Os livros da empresa são abertos a qualquer um e a qualquer momento (são oferecidos cursos sobre leitura de balancetes e fluxo de caixa a todos os trabalhadores). Os trabalhadores têm uma participação nos lucros estimada em 22%. Os administradores são responsáveis por seus próprios *fax* e telefonemas, bem como por buscar e trazer seus convidados. Parece loucura, não é mesmo? A maioria das pessoas veria essa situação como o caos (Semler, 1994).

Ainda assim, a Semco tem apresentado, desde 1980, aumentos de 700% na produtividade e 500% nos lucros, com o volume de vendas crescendo de US$ 4 milhões para US$ 20 milhões. Além disso, há poucas alterações na estabilidade dos cargos e um cadastro de duas mil pessoas que pretendem trabalhar na empresa.

Na Semco, o pessoal se estimula a si mesmo, em vez de ser "empurrado". Os funcionários são levados a se comunicar aberta e honestamente, sem punições por isso, como algumas empresas costumam fazer de uma forma tipicamente traiçoeira. O modelo de administração da Semler desafia a visão piramidal das empresas, em geral aceita e não-questionada. Sem ter conhecimento da saúde financeira da Semco, a maioria das pessoas se apressaria a dizer que ela não funciona.

Por que dizem isso? Como diz Semler, porque eles não esperam que seus empregados queiram chegar ao trabalho mais tarde, ou sair mais cedo, ou trabalhem o mínimo possível. Afinal de contas, esses trabalhadores têm filhos para criar, pertencem à Associação de Pais e Mestres, elegem representantes governamentais e assim por diante.

Os valores de respeito e dignidade preconizados por Semler são expressos pela seguinte declaração: "Eles são adultos. Na Semco, nós os tratamos como adultos. Nós confiamos neles. Nossos empregados não têm que pedir licença para ir ao banheiro, nem temos seguranças para revistá-los no término do dia. Nós nos mantemos fora do caminho, deixando-os livres para que façam o trabalho" (Semler, 1993, p. 59).

O Sucesso dos Nossos Clientes é o Nosso Sucesso

"Acredito que a importância dos negócios seja a de criar trabalho significativo, satisfazendo as necessidades do cliente, bem como empregar pessoas comprometidas com isso e gerar lucro. Nessa ordem!" – declarou Robert Rosenfeld, presidente e fundador da Idea Connection Systems, uma empresa de consultoria administrativa, preocupada em manter a inovação nas empresas (comunicação pessoal, janeiro, 1995). Rosenfeld disse que sua empresa vê espiritualidade e negócios como conceitos compatíveis. Você pode ser espiritual e, ainda assim, também gerar lucro. Mas a coisa mais importante é, como ele enfatizou, fazer o bem.

Quando Rosenfeld iniciou a Idea Connection Systems, ele seguiu três princípios centrais:

1. Fazer algo com um impacto social positivo — fazer o bem.
2. Criar algo que fizesse a empresa sobreviver; para isso, o dinheiro não seria a força principal.
3. Construir uma empresa onde teriam de avisar os empregados que já é hora de ir embora para casa.

O último princípio me fascinou e indaguei mais a respeito disso. O vice-presidente Michael Winger-Bearskin (comunicação pessoal, janeiro, 1995) disse que esse princípio afetou todo o comportamento na empresa, que deveria ser um lugar em que as pessoas quisessem estar, tanto física como emocionalmente. O trabalho deveria ser desafiador, fazendo com que os empregados se sentissem parte central de uma força que opera em prol da mudança social e que eles também tivessem um papel nessa mudança. Contratar empregados cujos valores se alinhassem com esse princípio tornou-se algo muito importante. Se os empregados não tivessem esses valores, eles teriam problemas para satisfazer as necessidades dos clientes.

Rosenfeld referiu-se a um incidente ocorrido recentemente que exemplifica de que modo esse alinhamento de valores exerce influência sobre os altos níveis de motivação dos empregados. Alguns clientes deveriam chegar da Holanda, mas só puderam vir no domingo. Don Braun, que é o versátil responsável pela manutenção, embarque e recepção de pessoas para a Idea Connection Systems, tomou a iniciativa de fazer com que os clientes se sentissem em casa. Sem que Rosenfeld soubesse, Braun chegou cedo no domingo, fez café, serviu quitutes frescos e pôs ordem nos escritórios, voltando, depois disso, para casa. Quando Rosenfeld chegou para encontrar os clientes, pensou que fosse encontrar restos de café frio e foi surpreendido ao ver que o café estava fresco. Braun fez tudo sozinho porque sabia como era importante mostrar essa hospitalidade. "Esse tipo de prática deve ser traduzido para toda a organização, para que ela seja verdadeiramente bem-sucedida, para que atendamos as necessidades dos clientes do modo que julgamos importante."

Essa prática apresenta resultados, pois a empresa é baseada num conjunto explícito de valores traduzidos pelas Virtudes da Nova Administração do respeito, da confiança, da dignidade e da prestação de serviço. "Supomos que as pessoas estão aqui para fazer aquilo que é certo", disse Rosenfeld. O respeito da empresa se estende não apenas aos empregados, mas também aos clientes.

"Acreditamos que as relações que estabelecemos são mais importantes do que os negócios que conseguimos", disseram-me Rosenfeld e Winger-Bearskin. "Esse tem sido o nosso valor essencial desde o primeiro dia. Estamos seguros de que, se estabelecermos essas relações, os negócios acontecerão." Rosenfeld me disse que a empresa fica amiga de seus clientes, que passam a fazer parte da família da Idea Connection Systems. Alguns clientes preferem ficar na casa de Rosenfeld do que num hotel quando visitam os escritórios da empresa em Rochester, Nova York.

Rosenfeld e Winger-Bearskin recordaram-se dos primeiros anos e das dificuldades para começar. Eles se perguntavam, em 1988, se conseguiriam fazer isso. Sentaram-se no porão da casa de Rosenfeld, onde originalmente localizava-se o escritório, e discutiram os sacrifícios que ambos teriam que fazer para iniciar os negócios, e como suas famílias estavam em risco. "Eu dou até o ano que vem", disse Winger-Bearskin. "Se os negócios não decolarem, então eu terei de partir e arranjar um trabalho regular novamente." Dentro de poucos meses, eles conseguiram um contrato extraordinário com uma empresa do grupo Fortune 100.

Hoje, cerca de nove anos depois, eles têm setenta e oito empregados em quatro filiais nos Estados Unidos e na Europa. Vinte de seus muitos clientes estão incluídos na Fortune 100. Nos últimos quatro anos, a empresa aumentou seus lucros em mais de 40% a cada ano, aumentando, também, o número de empregados em mais de 100% somente no último ano. Anos atrás, introduziram um novo sócio, David DeMarco, cujas qualidades complementam as de Rosenfeld e Winger-Bearskin. Graças à sua ênfase em servir os clientes e em fortalecer relações, eles têm sido capazes de se manter presentes junto a mais de 80% de todas as empresas com as quais já trabalharam. Um exemplo do tipo de compromisso que lhes é prestado pelos clientes é o de uma empresa do grupo Fortune 100 que, durante a última recessão, cortou todos os seus vendedores externos, com uma única exceção: a Idea Connection Systems.

Outra Virtude da Nova Administração com a qual a empresa opera é a justiça. Para determinar quanto cobrar de um cliente, os empregados desempenham papéis em breves peças, em que uma pessoa representa a Idea Connection Systems e outra representa o cliente, a fim de assegurar que foram satisfeitas as necessidades para ambos os lados. Ainda que as dos clientes sejam predominantes, a empresa compreende que deve haver um equilíbrio. Se ela só estiver preocupada com as necessidades do cliente, e não com as da empresa, então o negócio será um engodo.

Graças ao fato de que muitos dos negócios são baseados em comportamentos cognitivos (como pensamos) e conativos (o que fazemos), parte da cultura vem se tornando uma contínua reflexão pessoal e em grupo sobre o que significa ser diferente. Uma contínua discussão dinâmica ocorre em todos os níveis da organização. "É um comportamento implantado", disse Winger-Bearskin.

Um dos mais importantes "estalos" que Winger-Bearskin teve durante esses anos é o entendimento das diferenças primordiais entre empresas limitadas e sociedades anônimas. A Idea Connection Systems trabalhou com várias empresas familiares, incluindo a Milliken, a S. C. Johnson and Sons e a Hallmark, nas quais níveis variáveis de controle eram exercidos pelas famílias fundadoras. Nas empresas limitadas, disse-me Winger-Bearskin, você pode se dirigir a qualquer empregado em qualquer nível. Todos partilham de um sentimento comum, de que não importa se seus administradores são bons ou ruins, uma vez que os empregados acreditam, de coração, poder se dirigirem à família, pois a família os ouvirá. E eles estão certos. Ainda que as famílias não dirijam diretamente a empresa, elas ainda vêem seu papel como o de conservar o espírito original.

"Minha pergunta é a seguinte", disse Winger-Bearskin, "numa sociedade anônima, quem toma conta do espírito da organização?"

Consulta

Rosenfeld e Winger-Bearskin atribuem muito do sucesso da Idea Connection Systems ao uso, por parte da empresa, desde o início, de um processo de tomada de decisões conhecido como consulta, no qual a sinergia é obtida utilizando-se o melhor de cada membro da equipe. Esse processo antecede um processo semelhante e mais popular, conhecido como *diálogo*. A consulta é baseada nas seguintes Virtudes da Nova Administração: confiança, respeito, dignidade e união.

Sem ênfase na consulta, a Idea Connection Systems provavelmente não teria crescido como cresceu. No início, a estrutura foi planejada para que o trabalho coletivo da administração fosse dirigido ao consentimento em todas as decisões. Se isso não funcionasse na prática, então Rosenfeld tomaria a decisão final. Por isso, muito tempo é gasto em consultas, discussão de temas e trabalho para se entender cada um. Em nove anos de prática, Rosenfeld nunca teve de tomar uma decisão importante sozinho.

A consulta obriga todas as pessoas a expressar seus pensamentos, respeitando, ao mesmo tempo, a dignidade dos outros integrantes do grupo. Seu objetivo é procurar a melhor solução, criando união e adotando as contribuições pessoais de cada membro, simultaneamente. A Idea Connection Systems é baseada firmemente no conceito de união na diversidade e empenha-se em praticar isso de todas as formas, acreditando que a consulta seja uma de suas principais forças. Uma vez que muitos dos negócios se referem a ajudar as organizações a apoiar a inovação, a Idea Connection Systems acredita que isso também deva acarretar a diversidade dentro da inovação máxima.[1]

A consulta requer que quem está falando o faça, não com uma atitude de correção, mas, de preferência, com a idéia de contribuir para o consentimento. Ao ouvir, cada pessoa precisa considerar cuidadosamente os méritos do que está sendo proposto, em vez de pensar, de forma automática, em meios de se opor ou de solapar a discussão. Se outra idéia parece valiosa, o ouvinte deve aceitá-la e não manter-se, obstinadamente, com a sua (ver o Quadro 4.1).

A consulta tem três características principais:

1. Alcançar os objetivos do grupo (união)

2. Utilizar a diversidade a fim de descobrir a melhor solução

3. Respeitar as idéias alheias, de modo que ninguém seja menosprezado.

Os princípios que fundamentam esse processo são: (1) pureza de motivos; (2) busca da verdade; (3) paciência e cortesia; e (4) união. Esses princípios estão relacionados com as Virtudes da Nova Administração da confiança, do respeito, da dignidade e da união.

A consulta exige que os membros do grupo avaliem as contribuições de todos os membros, sem invocar a hierarquia no processo de tomada de decisão. Esforçar-se para fazer com que prevaleçam as

Quadro 4.1. Consulta: Transformando a Conjectura em Certeza

Objetivo
- Criar compromisso de equipe e confiança entre os diversos participantes
- Identificar oportunidades e resolver problemas
- Determinar o melhor modo de agir

Dez Princípios para o Sucesso
1. Respeitar cada participante e apreciar a diversidade do outro. Esse é o primeiro requisito para a consulta.
2. Avaliar e considerar todas as contribuições. Não menospreze nenhuma. Guarde sua avaliação até que informações suficientes sejam coletadas.*
3. Contribua e expresse suas opiniões com total liberdade.
4. Considere cuidadosamente o ponto de vista dos outros – se um ponto de vista válido for oferecido, aceite-o como se fosse seu.
5. Atenha-se à tarefa que está sendo proposta. Conversas estranhas ao assunto podem ser importantes para estabelecer um sentimento de equipe, mas não são a consulta (que implica um direcionamento rumo às soluções).
6. Partilhe do propósito unificado do grupo – desejo de sucesso na tarefa.
7. Espere que a verdade venha à tona com o choque de opiniões diferentes. As melhores soluções emergem da diversidade de opiniões.
8. Tendo se manifestado, deixe que fluam as opiniões a respeito. Não tente "defender" a sua posição; desfaça-se dela. A propriedade causa desarmonia na equipe e quase sempre atrapalha a busca pela verdade.
9. Contribua para a manutenção de uma atmosfera amigável, expressando-se com cortesia, dignidade, cuidado e moderação. Isso irá gerar coerência e imparcialidade.
10. Procure o consenso. Mas, se o consenso é impossível, deixe que a maioria vença. Lembre-se, no entanto, que as decisões, uma vez tomadas, tornam-se a decisão de todos os participantes. Depois que o grupo decidiu, opiniões dissidentes são destrutivas para o sucesso da tarefa. Quando as decisões são tomadas com o apoio de todo o grupo, as decisões erradas podem ser mais bem observadas e corrigidas.

* A Harley Training & Consulting, Inc., de Minneapolis, ampliou esse conceito, desenvolvendo um modelo cujos passos ora aplicam, ora suspendem o juízo crítico.

Fonte: Robert Rosenfeld e Michael Winger-Bearskin, © 1989 Idea Connection Systems, Inc. Todos os direitos reservados.

opiniões de alguém é, com muita freqüência, o que ocorre em discussões normais, onde liderança se confunde com dominação. A consulta requer a participação plena de todos os membros, e a liderança se expressa pela vontade de servir ao grupo, o que é uma Virtude da Nova Administração.

A consulta recebe o impulso dos objetivos formados pela sincera vontade coletiva das pessoas e torna-se bem-sucedida pela integração das diferenças dentro de um quadro de união. Esse é o elemento principal da consulta: a união de pensamento e de ação emerge da aceitação da diferença – e não de sua negação.

As três características principais da consulta (alcançar os objetivos do grupo, valer-se da diversidade e manter o respeito) são fundamentais para a inovação numa organização. A consulta como processo pode diminuir a rigidez de uma estrutura corporativa, permitindo que as idéias naveguem, de forma bem-sucedida, por um sistema complexo.

A Consulta em Ação

Um exemplo de como essas características são importantes pode ser colhido junto à juíza Dorothy Nelson (1994), que serve ao Supremo Tribunal dos Estados Unidos em nove Estados da costa oeste:

> O princípio da consulta tem várias aplicações práticas. Um alto índice de crimes resultou em dezessete ou dezoito prisões num único dia, num colégio da Califórnia. Naquela época, tínhamos um juizado nas cercanias, onde ensinávamos às pessoas a arte da mediação, que é uma forma de consulta. Treinamos quatro líderes de gangue na arte da consulta ou da mediação.
> Telefonei para o delegado de polícia, pedindo que fosse à biblioteca e se envolvesse com alguns dos estudantes do colégio. Depois de perguntar "Por que eu deveria fazer isso?", ele concordou, enfim. Como haviam sido treinados para fazer, os estudantes e os mediadores sentaram-se em torno de uma pequena mesa e disseram: "Senhor Delegado, na sua opinião, quais são os problemas? Quais os fatos?" Sua resposta estava relacionada com policiamento e carros de patrulha insuficientes etc.

Então, eles disseram: "Permita-nos dizer quais são os problemas na nossa opinião. A escola fecha às 2:30 da tarde, os portões são trancados, nossa entrada não é permitida nas quadras da escola, não há empregos para estudantes de segundo grau nessa comunidade – logo, o que um adolescente irá fazer? Arrumar encrenca..."

"Bem, Senhor Delegado, na sua opinião, quais são as soluções?" Mais policiamento, mais carros de patrulha, cercas mais altas etc. As soluções dos estudantes eram: destrancar os portões, colocar dois policiais na escola, conseguir professores responsáveis por práticas desportivas, artísticas e teatrais depois do término das aulas.

Bem, eu não lhes contaria essa história, a menos que ela tivesse funcionado. Em um ano, as detenções caíram de dezessete ou dezoito por dia para três ou quatro por mês. Os quatro líderes dos estudantes estiveram no meu gabinete para almoçar comigo. Perguntei a um garoto de quinze anos: "Edward, o que você pensa disso tudo?"

E Edward me contou: "No começo, eu achava que o delegado de polícia fosse mais legal do que eu pensava. Depois, a senhora sabe, juíza, eu tenho quinze anos e não tenho uma conversa decente com meu pai desde os meus doze anos. Fui para casa e disse: 'Pai, vamos mediar nossas discussões'. E depois eu falei com ele sobre ouvir e concordar com os fatos, conversar sobre os problemas e sobre os princípios que deveríamos aplicar e aplicá-los, e, sabe, essa foi a minha primeira conversa decente com meu pai desde os meus doze anos."

Essa é a força da consulta. É a ferramenta mais poderosa. Edward mostrou-me que poderia usar esses princípios aprendidos para lidar com seus problemas escolares dentro do contexto familiar. Esses princípios podem ser aplicados na comunidade, na nação e em nível internacional.

O exemplo da juíza Nelson mostra como a consulta é orientada para a solução, em vez de para o exercício do poder. Evita-se assim o jogo do poder ou a declaração de honestidade da parte da autoridade. O objetivo é investigar a verdade.

Espírito e Medo

O verdadeiro espírito de consulta requer uma atmosfera espiritual; do contrário, é provável que ele se esvazie ou fique dependendo de agendas pessoais. Ele requer uma atmosfera em que o medo esteja ausente, pois apenas nesse contexto os participantes podem ser totalmente abertos e francos quanto às suas idéias. O medo é um dos maiores males da humanidade, sendo desenfreado em organizações e em tomadas de decisão em grupo, pois o poder torna-se, em geral, uma entidade em si mesma, em vez de funcionar como uma ferramenta para a subsistência. As pessoas usam o poder às vezes sob a forma de conhecimento factual, para dominar os outros, em vez de usá-lo como um meio de facilitar processos. A honestidade perdeu sua identidade, considerando-se a cortesia e o respeito como obstáculos para a expressão coletiva. O ego, um sentimento de competição e nossa tendência a criticar quase tudo o que não entendemos, impedem-nos de utilizar integralmente o potencial de todos os membros.

No amor, não há medo; o amor perfeito expulsa nosso medo, pois este traz o tormento. Aquele que teme não partilha do amor perfeito.

— Cristianismo, *Bíblia*, 1 João 4:18

Para que a consulta funcione realmente, requer-se comportamentos construídos sobre as Virtudes da Nova Administração: pureza de motivos, respeito, supressão do ego, propósito de esquecer os interesses pessoais, humildade, respeito e cortesia, bem como brilho interior, isto é, coragem para cuidar e confiar no que está acontecendo e estimular os outros a encontrar novos modos de pensar.

A Espiritualidade em Ação

A empresa Ben & Jerry's Ice Cream tem tido crescimento e sucesso fenomenais graças ao seu compromisso com a qualidade e sua filosofia corporativa fundamental, a qual incorpora as Virtudes da Nova Administração da confiança e da justiça.[2] A Toyota conquistou o respeito do mercado em decorrência da confiança que os clientes têm na sua qualidade. Também, a Harley-Davidson teve uma milagrosa reviravolta corporativa fazendo uso dos simples princípios da qualidade, da justiça e do respeito aos empregados em sua nova estrutura administrativa e no seu sistema de tomada de decisões.

Em resumo: a espiritualidade não é incompatível com lucros de mercado. No entanto, não é possível "tornar-se espiritual" somente para gerar lucros. Os ganhos materiais chegam como efeitos colaterais da espiritualidade ou de um passo rumo à confiança e à justiça, de forma sólida. Do contrário, estamos dentro de um uso materialista da espiritualidade. Todas as religiões do mundo ensinam a importância de se ter intenções puras e devoção não-egóica ao comportamento virtuoso. Os efeitos positivos devem-se, em grande parte, ao desprendimento de nossas ações.

Capítulo Cinco

AGINDO COM A
SABEDORIA DO AMOR

A força do Amor, como alicerce [de uma organização], nunca foi tentada... Onde os homens são egoístas, sempre haverá a força [como regra].
— *Ralph Waldo Emerson*

Um covarde é incapaz de demonstrar amor; o amor é prerrogativa dos bravos.
— *Mahatma Gandhi*

Muito do esforço despendido para a mudança da empresa que temos observado nos últimos anos teve vida curta de utilidade para a empresa. Uma estatística é digna de se mencionar novamente: o índice de fracasso nos esforços de mudança atinge 50% (Hammer e Champy, 1993). Pelo fato de as mudanças não se aprofundarem de forma suficiente, seja no nível emocional ou espiritual, os esforços, em geral, não são profícuos.

Assim, voltamos ao nosso ponto de partida neste livro: se o que estamos fazendo, neste momento, para gerar mudanças não está funcionando, o que devemos fazer então?

É preciso cuidar da mudança fundamental dos alicerces (das raízes) da organização. Até que o alicerce seja transformado, com mais justiça, dignidade, serviço, confiança e amor, todas as estratégias, *slogans* e programas de treinamento do mundo não servirão para nada.

Esse tipo de mudança fundamental não pode ser conseguido simplesmente ensinando novas condutas ou novas práticas. Antes de tudo – e isso é o mais importante – precisamos alterar os hábitos mentais dos trabalhadores (Covey, 1989b). Se as pessoas forem guiadas por princípios, e não meramente por capacidades, elas entenderão como lidar com situações incomuns sem violar esses princípios.

A verdadeira mudança requer, então, que se cuide das raízes da organização, bem como do modo como as pessoas pensam. Para que a corda não arrebente, devem ser feitas mudanças sistemáticas nos valores e no espírito, e deve haver amor. Esses princípios são traduzidos na forma de comportamentos baseados nas Virtudes da Nova Administração. E é aí que está a dificuldade.

Meu colega Robin Lawton, um consultor bem-sucedido na área de mudanças corporativas (Lawton, 1993; comunicação pessoal, 1996), disse-me que a maioria dos administradores com os quais trabalhou estão realmente interessados em dar um sentido ao trabalho, em criar uma cultura baseada nos mais altos valores. Eles entendem o que isso significa e como isso é importante para o ambiente de trabalho. Na verdade, eles geralmente relatam que a falta de sentido e de valores é a causa de muitos dos problemas que os administradores enfrentam. Quando Lawton pergunta aos administradores como eles operacionalizam esse desejo de valores mais profundos e de mais sentido, os mesmos dirigem-se a ele com olhares vazios. Em suma: eles estão cientes dessa necessidade, mas não sabem realmente encontrar uma solução.

Operacionalizando a Espiritualidade

Saber *o que* é preciso é uma coisa. Descobrir *como* e ter a *vontade* de fazer é bem diferente. Como operacionalizar as Virtudes da Nova Administração e a espiritualidade é, em geral, uma pergunta realmente astuciosa, ponto onde muitos administradores se engasgam. Pelo fato de esse tipo de mudança não ser fácil, e tampouco se prestar a soluções rápidas, é preciso um compromisso real para fazer essas alterações.

Realizar mudanças efetivas e duradouras nos valores e na cultura de uma organização é um processo a longo prazo.

Não há truques, segredos nem fórmulas para se levar o amor, a espiritualidade e as Virtudes da Nova Administração para as empresas. Não se pode simplesmente ir a um seminário e, de repente, "tornar-se espiritual". Uma mudança no foco dessa magnitude requer compromisso e tempo.

A Embrascon é uma firma de consultoria administrativa altamente bem-sucedida no Brasil. Ela trabalha com empresas, ajudando-as a experimentar as mudanças e aperfeiçoar processos humanos, tais como integração, comunicação, inovação e participação (Liebig, 1994). José Affonso Fausto Barbosa, presidente da empresa, disse-me que, para as empresas desenvolverem amor e espiritualidade, é necessário que elas apontem seus problemas relacionados com o poder, uma vez que grande parte dos comportamentos que ferem a ética no ambiente de trabalho resultam de abusos de poder (comunicação pessoal, 22 de novembro de 1994).

Depois de vinte anos na área, Fausto Barbosa descobriu o seguinte:

1. A transformação organizacional está ligada, na realidade, à transformação humana no ambiente de trabalho, pois a empresa nada mais é do que um grupo de pessoas.
2. O sucesso desse processo depende da transformação dos executivos que detêm os postos mais altos.
3. Um processo como esse não deve ser feito em menos de dois anos, sendo preferível três.
4. No final, cerca de 30% dos participantes serão transformados em algum grau, 50% estarão abertos a experiências futuras sem terem sido transformados ainda, e cerca de 20% estarão contra o processo de transformação ou, simplesmente, não se importarão com isso.

Essas idéias funcionam? Desde que a Embrascon começou a aplicá-las em seus projetos, a empresa tem economizado em prol de seus clientes cerca de 40% das despesas estimadas para a pré-construção, o que soma, hoje, mais de US$ 600 milhões (Liebig, 1994). Isso é realizado por meio de demoradas sessões de consultoria, nas quais o processo de grupo se desenvolve e cada pessoa encara o seu próprio potencial. Como parte do procedimento, cada empregado torna-se consciente da sua parte na missão a ser alcançada pela empresa. Fausto Barbosa acredita que este é o melhor caminho para desencadear o potencial humano, pois "temos tudo dentro de nós. Eu não digo nada às pessoas. Eu apenas ativo o que já se encontra lá" (Liebig, 1994, p. 100).

Um lapso de tempo de dois ou três anos não é raro. Jim Autry (comunicação pessoal, dezembro, 1995) contou-me que está trabalhando com uma empresa em Sidney, na Austrália, há quase três anos, e que foi necessário todo esse tempo para se conseguir uma transformação real. No início, seu objetivo era criar um sentimento de comunidade, o que ele alcançou fazendo uso de uma comunicação aberta. Ele relatou que a maioria de nós gasta de 95 a 98% do tempo com logística, mesmo em nossas relações mais próximas, como com as esposas e outras pessoas íntimas: o que fazer para o jantar, quando levar a filha ao balé, e assim por diante. Assim, 2 a 5% é deixado para a verdadeira comunicação do eu: quem somos e o que sentimos. Nas organizações, 100% de nosso tempo é gasto com logística. Conseqüentemente, precisamos desenvolver um meio de permitir com que aqueles 2 ou 5% de comunicação íntima ocorram. Autry faz isso reunindo os administradores para que falem sobre si mesmos, seus sentimentos e reações, esquecendo a discussão sobre logística. Essa abordagem é uma adaptação moderna do grupo-T e parecida com as técnicas de Peter Senge (1990) para gerar abertura.

Autry está criando oportunidades para que as pessoas falem honestamente sobre o que estão fazendo, para derrubar a competitividade e o ego, para que elas possam compreender que nem todas as pessoas precisam ter as mesmas qualidades. Uma verdadeira comunidade tem pessoas com aptidões e motivações diferentes. O processo de Autry parece ser muito eficiente em debelar políticas organizacionais e em conceder a todos mais espaço e mais apoio para que façam bem seu trabalho. Ele concorda com Peter Drucker (1989) quanto ao fato de que os administradores devem realçar o potencial dos empregados e tornar irrelevantes suas deficiências.

Depois de três anos de trabalho em prol das transformações, os esforços de Autry valeram a pena. A empresa de Sidney não apenas tem mais energia e vida, como seus lucros também triplicaram desde que Autry começou a trabalhar com eles.

O Que Contribui para o Amor e a Espiritualidade no Ambiente de Trabalho?

Avançar rumo a um novo estágio é o problema. Muitas organizações proclamam certos valores mas não agem de acordo com eles. Conseguir o amor no ambiente de trabalho é uma questão de operacionalizar os conceitos e as idéias que muitas organizações têm aceito como importantes, e mesmo vitais, para que sejam bem-sucedidas e fortes.

Chris Argyris (1993) chama isso de a diferença entre teorias adotadas e teorias em ação. Kerr (1995) chama isso de a loucura em recompensar "A" quando se quer intensamente "B". Um estudo recente revelou que a loucura apontada por Kerr ainda está difundida em mais da metade das empresas pesquisadas (Dechant e Veiga, 1995).

Administradores relataram que, embora esperem uma ação coletiva, recompensam os melhores membros da equipe; eles querem inovação e ousadia, mas premiam métodos à prova de erros; querem delegar poderes aos empregados, bem como tê-los envolvidos, mas acabam por adotar um controle pesado sobre recursos e operações.

Como a sua organização faz para colocar essas teorias em prática? Um modo de descobrir isso é examinar que tipo de empregado, cultura e atmosfera você deseja, e o que você está fazendo para alcançar esses objetivos. Sua conduta é produtiva no que diz respeito a alcançar esses objetivos ou você está apenas premiando "A" embora queira "B"? O

Quadro 5.1 apresenta alguns exemplos de comportamentos que as empresas realmente recompensam, de comportamentos que elas desejam e do que é necessário mudar para que a empresa consiga o que deseja. O quadro contém alguns espaços em branco, para você preencher.

Alterando os Padrões

Como livrar-se desses padrões improdutivos e até contraproducentes que não permitem que as teorias sejam postas em ação? O primeiro requisito é um compromisso a longo prazo com a saúde da organização. Sem essa visão, os administradores serão facilmente vitimados pelos relatórios de lucros trimestrais e pelo balanço apresentado

Quadro 5.1. Conduta Atual X Conduta Esperada

O que Recompensamos	O que Esperamos	O que Esperamos que Mude para Atingir Nossas Expectativas
1. Manobra política e postura egoísta	Qualidade de serviço e autenticidade de conduta	Comunicação: abertura, diálogo e transparência (confiança, união e respeito)
2. Não desviar em demasia das idéias da diretoria executiva	Inovação e criatividade	Ambiente: que perdoe e aceite mais os erros (respeito, confiança)
3. Eficiência: atender os clientes o mais rápido possível	Prestação de serviço	Equilíbrio: entre eficiência e zelo (justiça, prestação de serviço e amor)

4.

5.

6.

7.

no relatório anual. Esse compromisso inclui um desejo por parte da administração de fazer o que se segue:
1. Trabalhar para aumentar a confiança desde as bases e, nas palavras de Autry (1991), a confiança além da razão.
2. Abrir os canais de comunicação: ser acessível, remover barreiras hierárquicas que intimidam empregados, administrar de perto e, finalmente, ouvir com respeito.
3. Permitir o fluxo do controle, praticando isso com freqüência. Seus empregados provavelmente terão boas idéias para serem postas em prática.

Feito isso, o próximo passo é organizar um meio de comunicar e partilhar idéias, e criar uma visão comum. Para se alcançar isso, recomendo o uso de uma dessas três tecnologias: consulta (descrita em detalhes no Capítulo 4), diálogo ou pesquisa de futuro. Cada um desses métodos opera de uma maneira ligeiramente diferente, tendo em vista propósitos um tanto diferentes. Mas cada um deles é baseado nas Virtudes da Nova Administração da união, da confiança, do respeito e da justiça.

A consulta orienta-se para a solução de problemas e requer pureza de intenção de cada participante, bem como trocas francas e respeitosas, a fim de que a "centelha da verdade" nasça do "choque de opiniões diferentes" (Rabbani, 1968, p. 21). O diálogo é menos estruturado, mas exige que cada pessoa se expresse, usando, em geral, o tempo que for necessário, sem interrupção. Seu objetivo é o de revelar uma base comum a todos, bem como paradigmas de mudança. O objetivo da pesquisa de futuro é juntar vários depositários para se criar uma agenda com o propósito de resolver questões espinhosas ou criar novas estratégias. As exigências de tempo são diferentes para cada estratégia. A consulta pode ser feita em lapsos de tempo maiores ou menores, ao passo que o diálogo funciona melhor com grandes períodos de tempo, contados em dias. Para atingir os objetivos para os quais a pesquisa de futuro foi planejada, são necessários três dias. O Quadro 5.2 resume estas e outras características adicionais das três estratégias.

Quadro 5.2. Três Tecnologias de Grupo para Partilhar Idéias e Criar uma Visão Comum

	Consulta	Diálogo	Pesquisa de Futuro
Propósito	Buscar a verdade; orientar soluções; agir buscando a união.	Alcançar um sentimento de comunidade; achar uma base comum; agir buscando uma mudança de paradigma.	Buscar uma base comum e gerar o sentimento de comunidade, a fim de desenvolver um plano de grande alcance para superar problemas ou causar uma mudança cultural.
Limites	Os membros precisam estar imbuídos do compromisso de achar a melhor solução.	Toma potencialmente mais tempo que a consulta, porém menos que a pesquisa de futuro.	Toma três dias para ser feita adequadamente.
Principais Características	Os participantes expressam seus próprios pontos de vista e sentimentos com respeito – do conflito de opiniões divergentes chega-se à centelha da verdade.	Cada participante expressa a sua verdade sem interrupção – pode usar uma bola ou um bastão para indicar o turno de fala. Tem uma estrutura mínima.	Representantes de todos os grupos de depositários se encontram e são dadas tarefas de acordo com uma agenda bem definida e um formato; subgrupos saem com tarefas específicas a serem realizadas.

O que é preciso é uma reunião inicial de pessoas de todos os níveis da organização, bem como de alguns depositários de fora, a fim de avaliar honestamente a situação em que se encontra a organização. Como fazer para que missão, cultura, valores e práticas resistam a um exame minucioso utilizando uma estrutura baseada na espiritualidade? Essas sessões serão quase inúteis, a menos que sejam francas e diretas (embora respeitosas) e que haja uma base para a ação posterior. De outra forma, a administração irá gerar cinismo e uma suspeita maior que a anterior. Os empregados raramente são indagados pela administração se são tratados com respeito, se a justiça permeia o ambiente, ou se existe união e, o mais importante, se existe confiança mútua.

Se a consulta ou o diálogo forem escolhidos, as possíveis questões com as quais se deve começar são as seguintes:

Nessa organização, em que momento você foi alvo de confiança ou desconfiança? Como foi sentir a falta de confiança?

Relate uma experiência significativa em que você foi tratado com respeito ou desrespeito e diga como isso influenciou suas atitudes e seu comportamento.

Você tomou parte numa situação em que se criou ou se destruiu uma união?

Quando alguém se dirigiu a você justa ou injustamente, e qual foi o efeito disso sobre você?

Qual é a sua experiência em servir e ser humilde nessa empresa?

Essas perguntas devem ser consideradas num nível pessoal, e não apenas como idéias abstratas. É importante para o facilitador que, imperceptivelmente, mantenha o grupo nessa linha. Teoricamente, o grupo acaba por policiar a si próprio. Quando os grupos se voltam para a discussão impessoal, perde-se a ligação entre os membros do grupo e a força para se gerar a concórdia.

Outra tarefa para o grupo seria discutir a seguinte lista de objetivos e mudanças organizacionais, para ver como eles podem se mostrar importantes e funcionais. Muitas das mudanças recomendadas estão aparecendo com mais freqüência em várias publicações da área de administração (Pfeffer, 1995). As virtudes necessárias para cada mudança são apresentadas entre parênteses.

1. Recrute os melhores empregados que partilhem de valores e de uma ética de trabalho comuns (união).

2. Assegure-se de que a missão da empresa ajuda as pessoas a sentir que o que estão fazendo tem significado e importância (respeito).

3. Deixe que as pessoas façam o seu melhor (confiança).

4. Invista no seu treinamento e no seu crescimento, ambos pela melhoria do trabalho e para enviar-lhes a mensagem de que são parceiros valiosos, bem como para tornar-lhes possível a mudança de emprego, em caso de reviravoltas nos negócios (confiança, respeito e justiça).

5. Gratifique os empregados de forma justa e com incentivos, pois assim eles poderão perceber que suas contribuições são valorizadas e apreciadas, evitando esquemas de pagamento que fragmentem os grupos de trabalho (justiça, união).

6. Dê aos empregados uma parcela das ações ou algum tipo de propriedade da empresa, aumentando, novamente, os incentivos e o sentimento de parceria (justiça).

7. Partilhe todas as informações o tempo todo. Na verdade, inunde a organização com informações, deixando que os empregados lidem com isso. Em geral, é necessário treinamento extra para a leitura de balanços, etc., mas o esforço vale a pena. Segredos raramente se mantêm ocultos e, uma vez divulgados, costumam aumentar o cinismo (confiança, respeito).

8. Use métodos de colaboração na tomada de decisões, bem como a participação e a atribuição de poderes. Esses métodos requerem desprendimento por parte da cúpula administrativa e certa vontade de assumir riscos por parte dos níveis mais baixos. Assegure-se de que os empregados sabem o valor de suas opiniões (respeito, união, confiança).

9. Remova os extremos do sistema hierárquico, sejam direitos simbólicos, como vagas no estacionamento, salas de jantar e suítes executivas, ou os privilégios de fundo econômico, como salários extraordinários de diretores executivos, especialmente em períodos em que as finanças exigem que todos apertem os cintos (justiça).

10. Tenha como alvo o cliente. Crie sistemas que respondam ao cliente, contrate pessoas sensíveis às necessidades do cliente; ajude-as a entender, mais claramente, essas necessidades; treine-as para melhor satisfazerem essas necessidades e gratifique-as pelo seu trabalho. Para conseguir isso, é preciso, também, que se tenha um sentimento de justiça para com os empregados. Os empregados que se sentem respeitados e têm um sentimento de estabilidade de trabalho geralmente apresentam maior compromisso para com os clientes (prestação de serviço, respeito).

11. Seja uma empresa "amigavelmente familiar" (respeito).

12. Inspire, inspire e inspire – sempre com visão (união).

Essa discussão em profundidade deve ser levada adiante regularmente, com sessões de consulta ou diálogo, para assegurar a integridade dos programas, ou seja, que a operacionalização das teorias abraçadas pela empresa seja leal às leis espirituais ou às Virtudes da Nova Administração. O relatório oferecido pelo Quadro 5.3 pode ser usado para examinar essa correspondência.

Quadro 5.3. Como Minha Empresa Está Alcançando
as Virtudes da Nova Administração

Virtude da Nova Administração	Situação Atual e Práticas: Em que Grau Estão Seguindo cada Virtude?	Em que Precisamos Trabalhar por essa Virtude?
Confiança		
União		
Respeito e Dignidade		
Justiça		
Prestação de Serviço e Humildade		

O Quadro 5.4 contém outra lista de perguntas que pode ser usada nesse encontro, bem como na prática diária da administração. Essas perguntas me ajudaram bastante quando eu estava em dúvida quanto ao que fazer. Recentemente, tive problemas com uma colega que me tratava injustamente. De acordo com certos modelos, devia haver uma justificativa para tal comportamento assertivo e crítico. No entanto, graças a essa lista, fui forçada a indagar se esses comportamentos criariam união; a resposta foi "não" e tive de rever a minha estratégia. Falei com minha colega e ouvi seu ponto de vista, para entender por que ela havia agido daquela maneira. O simples ato de ouvi-la mudou verdadeiramente a minha percepção e influenciou a maneira pela qual expliquei minhas reações e meus sentimentos. Tudo acabou em sentimentos positivos, e não em ressentimentos, que seriam de esperar caso eu insistisse apenas em justiça.

As Feições do Amor e da Espiritualidade

Quais são as feições do amor e da espiritualidade numa organização? Como eles se manifestam e o que estimula, ou desestimula, seu

Quadro 5.4. Essa Conduta é Espiritual?

Programas, Políticas de Recursos Humanos e Conduta de Administradores

Perguntas	Situação 1 Conduta proposta	Situação 2 Conduta proposta	Situação 3 Conduta proposta

1. Ela é confiável? (honesta e transparente?)
2. Cria união?
3. Mantém a dignidade?
4. São puras as minhas intenções? Sou imparcial?
5. É justa?
6. É feita com o espírito de servir?
7. Mostra humildade?
8. Devo me envergonhar se os outros souberem?
9. Demonstra e desenvolve competência?
10. Será que eu gostaria de ser tratado dessa forma? Será que a(s) outra(s) pessoas gostaria(m) que eu me comportasse assim (Sabedoria de Amor)?

desenvolvimento? Se tivermos alguma idéia sobre esses temas, podemos tentar estabelecer as raízes do amor e da espiritualidade nas organizações.

O Quadro 5.5 mostra como o desejo de tornar-se uma pessoa melhor e a luta por objetivos mais elevados contribui para o crescimento espiritual da pessoa, ao passo que a obsessão com o "eu", com posses materiais e com posição social impede esse crescimento. Nos grupos, a espiritualidade se manifesta pela aceitação da diversidade, buscando várias soluções e valorizando a contribuição de cada pessoa; é bloqueada por delírios de poder, jogo político e critérios morais diferentes para cada nível. Quando as equipes são espirituais, elas aceitam mais a diversidade e alimentam idéias e visões dessemelhantes. A espiritualidade nas organizações deveria se mostrar como a justa e eqüitativa distribuição de recursos, incluindo a remoção de grande parte da

Quadro 5.5. Amor e Espiritualidade nos Diferentes Níveis Organizacionais

Qual é a Feição do Amor e da Espiritualidade?	O que Ajuda a Desenvolver o Amor e a Espiritualidade?	O que Impede o Amor e a Espiritualidade?	Quais são os Resultados do Amor e da Espiritualidade?
Pessoal:			
A pessoa torna-se mais honesta, justa e dignificada, e luta pela competência e pela excelência.	Desejo de tornar-se uma pessoa melhor, lutar por objetivos mais elevados e servir aos outros.	Narcisismo; obsessão com a posição social; concentrado na aquisição "visível" de bens materiais ou no mundo das "aparências".	Foco constante no desenvolvimento das Virtudes da Nova Administração e em servir aos outros.
Equipe:			
Os grupos aceitam mais os diferentes estilos e membros; há lugar para se ouvir verdadeiramente o outro; os membros querem abandonar idéias e agendas pessoais para buscar as "melhores" soluções.	Os grupos acolhem com prazer novos membros, fazem pesquisas sobre as aptidões, buscam a diversidade, estimulam a comunicação franca e dedicada.	Jogos políticos e de poder, normas de comportamento rígidas, pensamento coletivo; valor do membro baseado na sua posição social; uso de critérios diferentes para os membros de altos e baixos postos.	União orgânica dos membros que, contudo, mantêm a individualidade.

Organização:

Distribuição eqüitativa e justa de recursos; acabar com atitudes de empáfia na administração; desejo de entender as pessoas e suas necessidades individuais, em vez de vê-las como recursos humanos; comunicação aberta/justa/respeitosa de cima para baixo e de baixo para cima.

A hierarquia é nivelada; acabar com privilégios decorrentes de cargos; trabalhadores realmente recebem poderes delegados; os administradores são treinadores e não policiais; os empregados recebem confiança e são tratados como adultos, os níveis mais altos não abusam do poder nem tiram vantagem de sua autoridade.

Ausência de confiança e honestidade por parte dos administradores; controle na mão dos postos mais elevados, que preservam ao máximo o poder; administradores manipulam para atingir objetivos; organização mais preocupada com lucros do que com o pessoal.

Desenvolvimento das aptidões de todos os membros; alto nível de energia e compromisso; participação e integração; uma verdadeira comunidade.

Sociedade:

Mudança nas instituições sociais, a fim de refletir a redução extrema do preconceito e do privilégio; gratificação meritória; as instituições deixam de ser baseadas no poder para buscar a verdade.

Justiça verdadeira num sistema legal; igual acesso à educação; aceitação dos vários grupos étnicos e culturais; total ausência de políticas opressivas com relação a qualquer grupo étnico ou social, bem como à mulher.

Poder político e judiciário mantido firmemente nas mãos de uma elite corrupta; repressão e abuso das classes mais baixas e de certos outros grupos; desonestidade e corrupção vistos como necessidades para a sobrevivência.

Desenvolvimento do potencial de todos os grupos sociais; união das várias regiões e grupos; integridade orgânica da sociedade.

Fonte: Adaptado de Watkins e Marsick, 1993, p. 263.

empáfia administrativa, eliminando abusos de poder ou privilégios, delegando poderes aos empregados, tratando-os com respeito e como adultos, e vendo os trabalhadores como almas humanas e não como recursos humanos. Os impedimentos surgem sob a forma de manipulações para se obter poder, desonestidade da administração e uma preocupação maior com os lucros do que com as pessoas.

As Virtudes da Nova Administração em Ação

Por meio de acerto e erro, as empresas de todo o mundo estão descobrindo a eficiência das Virtudes da Nova Administração da concórdia, do respeito, da justiça, da confiança e da prestação de serviços. Os resultados podem ser bem impressionantes.

A Bell Labs, onde trabalhei como consultora durante alguns anos, tem "grupos quentes" que agem como se estivessem apaixonados – apaixonados por sua tarefa e por seu trabalho (Leavitt e Lipman-Blumen, 1995). Eles têm uma energia ilimitada e fazem trabalhos extraordinários com gosto, empenham-se tanto pela comunhão como pelo conflito de idéias, sempre de forma vigorosa, e são apaixonados pelo que fazem. Como uma organização estimula esse tipo de obsessão pelo trabalho? Certamente, isso não se dá por pressão ou controle. Uma ênfase no pessoal alimenta os "grupos quentes que estão incansavelmente em ação" (p. 113). O que isso quer dizer para mim é que, quando as organizações trabalham para aumentar a espiritualidade e as Virtudes da Nova Administração, elas podem ajudar a pôr em execução os tipos de motivação que a maioria das empresas apenas sonha atingir.

A Amoco Corporation embarcou numa tentativa de importantes mudanças, que incorpora parcialmente muitas das Virtudes da Nova Administração, rumo ao que eu chamaria de uma base mais espiritual. Os objetivos da empresa incluem o "respeito aos direitos individuais e à dignidade de todas as pessoas" e mostram "honestidade e uma conduta justa e digna em todas as nossas atividades" (Buckles, 1996). Para operacionalizar os valores adotados, a empresa desenvolveu princípios de progresso, iniciativas e práticas que incluem condutas especificamente desejadas. Tendo dado início a esse programa em 1988, a situação financeira da Amoco apresentou grandes melhoras. O retorno à eqüidade aumentou, o valor das ações subiu cerca de 34% em cinco anos e os lucros tiveram um crescimento de 25% entre 1994 e 1995.

A Idea Connection Systems trabalhou duro para tornar possível explicitamente a espiritualidade em suas práticas de trabalho. O presidente Robert Rosenfeld (1996) catalisou recursos na empresa para definir os vários depositários e identificar quais as condutas baseadas na espiritualidade que seriam adequadas, apontando, também, os lados obscuros dessas qualidades. Caluniar, por exemplo, gera efeitos sérios e nocivos sobre o grupo, uma vez que isso, além de ser extremamente "divisivo" (cria desunião), também destrói a alma da pessoa e do grupo. A Idea Connection Systems tem uma regra explícita contra a calúnia. Rosenfeld me disse que ela "desmoraliza o outro; rebaixa a pessoa diante de nossos olhos. Não é algo sadio" (comunicação pessoal, agosto, 1996). Rosenfeld trabalha duro para instilar em cada pessoa os valores da companhia, pelos quais se deve assumir uma pureza de intenções para com os outros. Na verdade, essa atitude é parte dos códigos escritos da empresa.

A Delta Airlines foi capaz de reduzir o desgaste da confiança durante uma importante reestruturação, aumentando tanto a qualidade como a quantidade das comunicações (Richardson e Denton, 1996). A empresa criou uma linha telefônica para tratar das dúvidas de seus empregados e para fornecer informações atualizadas sobre as mudanças. Essa linha recebia mais de seis mil ligações por dia, no início. Um programa parecido foi adotado em outra empresa que se encontra num processo de fusão e, em três meses, a confiança e a satisfação com o trabalho cresceram de fato.

Uma advertência sobre o incremento na comunicação: embora a melhor sabedoria popular diga que o principal é inundar a organização com informações e informar melhor, o que se comunica e como se comunica também são aspectos importantes. Sempre me surpreendeu o fato de os administradores acharem que podem tapear seus empregados negando rumores que no fundo são verdade ou fingindo ouvir idéias que não pretendem adotar. As pessoas não se deixam enganar por esses truques e acabam por tornar-se mais cínicas do que nunca. A diminuição na confiança também é inevitável quando os valores são adotados mas não são postos em prática. Quando se quebra a expectativa de que a melhor forma de comunicar esses valores é por meio de ações, os empregados punem a empresa e invertem, de modo jocoso, os slogans – por exemplo: "Qualidade em tudo o que fazemos" torna-se "Falsidade em tudo o que fazemos"; "Partilhamos crenças" torna-se "Partilhamos bulhufas"; e "Trabalhando com Orgulho" torna-se "Trabalhando por Entulho" (Larkin e Larkin, 1996).

A comunicação cara a cara é muito superior a declarações gravadas em video tape ou circulares. A abordagem pessoal, quando feita de maneira sincera e honesta, sem joguetes, pode aumentar a confiança e a união. Um perigo trazido pela tecnologia é a facilidade com que reuniões podem ser conduzidas via espaço cibernético. Os vínculos emocionais e espirituais de uma relação são mais bem construídos quando criados pessoalmente, pois, como afirma Tom Peters, "Você pode fingir que cuida, mas não pode fingir que está presente" (1996, p. 148). Sem esses vínculos emocionais e espirituais, os administradores não têm nenhuma chance de firmar uma "conta no banco emocional" a que se possa recorrer em momentos de conflito ou de tensão (Covey, 1989).

Desenvolver um ambiente no qual exista respeito, união, justiça e prestação de serviços requer grande destreza por parte de todos os empregados, e não apenas dos administradores. Quando a Coca-Cola treinou 104 empregados, em sua fábrica de xarope em Baltimore, em escuta, controle de conflitos, dinâmica de grupo e resolução coletiva de problemas, ela tornou-se capaz de se transformar de um sistema baseado na experiência acumulada para um sistema baseado no desempenho, aumentando em 16% sua produção e em 7% sua produtividade (Phillips, 1996).

Para aumentar e garantir em 100% a satisfação do cliente, a Hampton Inns implementou a delegação de poderes respeitando e confiando em seus empregados, dando-lhes autoridade para agir em prol das necessidades dos clientes, bem como a possibilidade de garantir-lhes pernoite gratuito (Sowder, 1996). Como resultado desse novo programa, a mudança de pessoal caiu em 20%, ao passo que os rendimentos cresceram dramaticamente, sendo estimados em US$ 12 milhões.

Conclusão

Essas histórias de sucesso dizem respeito, fundamentalmente, à esperança. Com todas as histórias negativas rodeando, seria fácil dizer que as organizações são tão pouco espirituais que podemos até abandonar qualquer esforço de desenvolvimento nessa direção. Se o amor é tão imperceptível e quase impossível de se atingir, ele parecerá algo inútil de se tentar. E se as virtudes são tão raras e difíceis de se manter no atual ambiente de negócios, qual é a razão para se tentar atingi-las? As experiências dessas importantes empresas demonstra que essa desesperança é injustificada.

Mesmo que resultados positivos ainda não tenham sido registrados, não devemos nos desesperar. Outro modo de encarar o problema é ver a espiritualidade como um processo de crescimento para as organizações, tal como ela funciona para as pessoas. Não importa em que ponto se encontre a organização: ela sempre poderá dar um passo adiante. As pessoas recaem – e o mesmo se dá com as organizações. Devemos aceitar o ponto em que se encontram as organizações e ajudá-las de todos os modos que pudermos em seu desenvolvimento; devemos, também, ver seu crescimento como um esforço constante, ou mesmo como uma espécie de "aperfeiçoamento contínuo".

O amor e a virtude trazem suas próprias recompensas, de acordo com as leis espirituais. Você pode tornar-se mais espiritual seguindo um caminho espiritual, mas não pode usar a espiritualidade em proveito próprio. Pelo contrário: o amor, as leis espirituais e a virtude podem ajudá-lo a ver a nobreza essencial de si mesmo e dos outros, e a aplicar essa nobreza no mundo dos negócios. Ao fazer isso, você poderá compreender a beleza e o significado dessas coisas que são impalpáveis e intangíveis, mas que, impregnando tudo, são indispensáveis. Essa é a Sabedoria do Amor.

A arma invencível, sempre vitoriosa, é o incessante ato de amor.

— Irmã Consolata, século XVII

A salvação do mundo está no coração do homem.

— Vaclav Havel, 1985

APÊNDICE

Pelo fato de este livro referir-se à evolução e ao crescimento espiritual, eu acho que é importante partilhar aqui minha experiência pessoal. Tive uma formação cristã, luterana, e fui muito atuante na Liga Luterana quando era jovem, em Wisconsin. Minha infância não foi perfeita e minha âncora tem sido o amor divino. Quando tinha sete anos de idade, ia à igreja sozinha, sendo a única pessoa de minha família que, naquela época, parecia interessada nisso.

Quando fui para a faculdade, ampliei minha busca espiritual para além da Igreja Luterana e dei início ao que hoje vejo como a minha verdadeira jornada de cura, tanto emocional como espiritualmente. Por quase quatro anos visitei igrejas, templos, sinagogas e tudo o que me trouxesse a promessa de encontrar a centelha da verdade. Havia alguns sinais, e também amor, em vários lugares que visitei e nas obras que li, sem, contudo, me satisfazer.

Finalmente, esbarrei no Baháísmo. Precisei de vários meses para descobrir que era isso o que eu procurava. No início, fiz pouco-caso, reputando-o como algo sério, pois, nessa época, eu estava cansada de religiões organizadas, vendo-as como irrelevantes e opressivas para os crentes. Na mesma época, eu estava estudando a dança da Índia e minha professora sugeriu que eu lesse Swami Vivekannanda. Fui à biblioteca e devorci vários de seus livros, achando, também, alguma coisa de Martin Luther King Jr. A leitura desses livros causou um despertar espiritual dentro de mim. Ali estavam dois homens que me pareciam muito espirituais e religiosos. Cada um deixou sua marca no mundo por meio da fé e da crença em Deus, bem como por sua religião. Só então descobri que a religião não precisava ser irrelevante ou opressiva. Só então ouvi seriamente o que o Bahaísmo dizia e descobri o objetivo da minha busca.

Como resultado dessa consciência, passei os 25 anos seguintes aprendendo sobre a minha própria espiritualidade e sobre o que promove o crescimento espiritual. Minha busca guiou-me até as escrituras e os ensinamentos do Budismo, do Hinduísmo, do Islamismo, do Confucionismo, do Judaísmo, do Cristianismo, do Zoroastrismo e do Bahaísmo, entre os quais encontrei surpreendentes semelhanças, bem como pertinência com os administradores de hoje.

NOTAS

Prefácio

1. O amor pode ser de diferentes tipos. C. S. Lewis (1960) fala do Amor-necessidade, que é natural, em oposição ao Amor-dádiva, que é abnegado e que ele chama de Caridade. O amor romântico, ou Eros, é diferenciado da Caridade por Lewis. Este livro se concentra na Caridade, deixando Eros para que outros o discutam.

Prelúdio

1. Um exemplo pode ajudar a exemplificar nossa relação com esse outro mundo. Quando eu estava na faculdade, e nos primeiros anos de minha jornada espiritual, um de meus livros prediletos era *Flatland*, escrito na década de 80 pelo matemático inglês Edwin Abbott. *Flatland* se passava num universo bidimensional, onde as pessoas eram ou triângulos de baixa posição social ou polígonos de alta posição social. Apesar disso, as figuras viam as outras como se fossem linhas, de vez que tratava-se do lado bidimensional de um triângulo olhando para o lado bidimensional de um polígono. As casas e os edifícios eram apenas linhas com espaços abertos para as portas. No entanto, para os seres bidimensionais, essas linhas pareciam ser paredes. A cada mil anos, uma esfera passava por Flatland para proclamar o evangelho do Universo Tridimensional. No início, essa esfera parecia um ponto, e depois, um pequeno círculo que ia aumentando, até, finalmente, retrair-se até desaparecer. A esfera tridimensional podia olhar para baixo e ver tudo o que existia em Flatland, incluindo o interior das casas e das pessoas. Quando ela passava por Flatland, o polígono escolhido ficava muito confuso sob a influência do "círculo", que não parava de mudar de tamanho até desaparecer, enquanto continuava a falar. Na verdade, a esfera só podia estar se comunicando com o polígono quando estava a uma pequena distância de Flatland. O mesmo acontece conosco. Vivemos numa espécie de Flatland, numa Flatland tridimensional, com a vantagem de que podemos imaginar uma outra dimensão além da que vemos diante de nós.

O mundo espiritual é essa outra dimensão, que existe ainda que invisível aos nossos olhos. No mundo espiritual, podemos enxergar o que não é tão óbvio do ponto de vista do mundo material.
2. Uma excelente referência sobre o assunto é o livro *The Golden Rule*, escrito por H. T. D. Rost e publicado em Oxford, Inglaterra, pela George Ronald Press, em 1986.
3. Muitas das citações a respeito do Zoroastrismo foram extraídas do volume 31 (*The Zendavesta*) dos *Sacred Books of the East* ou do tomo *The Zoroastrian Tradition* (1991), de Farhang Mehr. Os três sábios que procuravam pela estrela de Belém eram, possivelmente, zoroastrianos. A palavra "mago" seria uma tradução do persa "*mogh*", que significa sacerdote zoroastriano. De acordo com o *Dicionário da Bíblia* (Novotny, 1956, p. 452), os magos citados em Daniel 2:2 e em Mateus 2:1 eram sacerdotes zoroastrianos e, possivelmente, astrônomos ou astrólogos. Finalmente, Mehr (1991) confirma que os magos eram sacerdotes do Zoroastrismo.
4. Informações obtidas com Susan Maneck, Vahid Behmardi e Moojan Momen, todos eles especialistas no campo religioso, bem como na *The New Grolier Multimedia Encyclopedia* (1992). Algumas citações sobre o Hinduísmo foram extraídas de Momen (1990).
5. De acordo com Maneck, Behmardi e Momen, existem três opiniões divergentes sobre o início do Zoroastrismo. As melhores e mais atualizadas estimativas são baseadas na hipótese de que Zoroastro, o fundador, teria vivido entre 1000 e 1500 a.C.
6. Há uma diferença nas práticas regionais de uma religião que podem ser explicadas pelas quatro dimensões culturais preconizadas por Hofstede, especialmente quanto à masculinidade e à feminilidade (1991, p. 102). As culturas masculinas tendem a valorizar as conquistas, as posses materiais, a competição, o sucesso terreno e os líderes determinados, ao passo que as culturas femininas (não confundir com feminismo) valorizam a comunidade, os relacionamentos, a família, a ternura, a cooperação e a liderança baseada na busca do consenso. Países masculinos, como os Estados Unidos, apresentam uma tendência maior a valorizar o "significado emocional do nome de Deus", em vez da importância de seguir quaisquer preceitos religiosos ou da mudança rumo a um comportamento mais virtuoso.
7. Qual é o efeito do amor sobre quem é amado? De acordo com um estudo baseado em quatrocentos exemplos de líderes admirados, esses líderes faziam com que as pessoas se sentissem "valorizadas, motivadas, entusiasmadas, desafiadas, inspiradas, capazes, apoiadas, poderosas e respeitadas" (Kouzes e Posner, 1993, p. 30). Em todos os quatrocentos casos, o líder fez com que as pessoas elevassem o espírito e melhorassem o conceito que tinham de si mesmas. Além disso, Kouzes e Posner provam que, quando os subordinados sentem *amor* ou *afeto* pelo líder, os mesmos trabalharão com mais empenho e com mais eficiência.
8. Citado em Canfield e Hansen, 1993, p. 1.

Capítulo Um

1. Embora sonhemos com um amor incondicional, raramente o expressamos (Hormann, 1994). Pelo contrário: nosso amor, em geral, traz consigo exigências, condições e expectativas de retribuição, como se tivéssemos uma pequena calculadora dentro do nosso cérebro, determinando, de forma enlouquecedora, o nível e o tipo de pagamento esperado.
2. Este é um dos paradoxos da vida (e da vida da organização) que, por ocorrer diretamente depois de algo, nós, em geral, não captamos. Ao tentar fazer com que as pessoas me respeitem, me amem ou se preocupem comigo, eu, em geral, as afasto. Mas se eu me preocupar com as pessoas, amando-as e respeitando-as, então irei sentir o amor que elas dedicam a mim. Apenas pelo desprendimento, e não pelo egoísmo, é que conseguimos o que buscamos. É por isso que a "busca da Felicidade" é um sonho esquivo. A verdadeira felicidade é um subproduto do amor que dedicamos aos outros, fazendo algo de bom ou fazendo parte de um objetivo superior. É isso o que diz a Escritura: "Pois aquele que quiser salvar sua alma, perdê-la-á; e o que perder sua alma em meu nome, acha-la-á" (Mateus, 16:25).
3. O melhor a se fazer é realizar as coisas de maneira correta, por motivos corretos e com pureza de intenção. No entanto, é melhor fazer a coisa certa, ainda que por um motivo errado (expectativa de recompensa), do que fazer a coisa errada.

Capítulo Dois

1. Recentemente, testemunhamos reestruturações traumáticas resultando no corte de milhares de empregos. Temos visto graves acusações de espionagem industrial. Por exemplo: a General Motors reclamou que a Volkswagen roubou importantes segredos através de seu então novo executivo (já dispensado), J. Ignácio Lopez de Arriortua, ex-funcionário da GM. Igualmente, a American Airlines acusou a Northwest Airlines de roubar informações matemáticas de seus computadores sobre seu quadro de passageiros, cujo conhecimento gerava para American Airlines uma margem de lucro de US$ 300 milhões por ano. Outro problema principal tem sido os salários exorbitantes pagos aos diretores executivos, em geral concomitantes a um aumento da equipe e à redução de salários para todos os demais. São em grande número trabalhadores alienados. Eles sofrem privações em decorrência de reestruturações violentas e falsas, ou tornam-se "mortos que trabalham", afastados de qualquer trabalho ou contribuição significativos, ou, ainda, sofrem por tanto tempo o abuso de seus sistemas que se tornam, como alguém declarou, "apenas um trabalhador médio que deixa de existir emocionalmente mas aparece para receber o contra-cheque".
2. "Administrar *apenas* pelos lucros é como jogar tênis com o olho no placar, e não na bola" (Blanchard e Peale, 1988, p. 106).

Capítulo Três

1. Uma exceção notável a esse refrão é Miloslav Handl (1994), diretor executivo da SETUZA, na República Tcheca, que declarou: "Tentamos muitas coisas para que a nossa empresa obtivesse sucesso, mas o que deu mais resultados foi tornar-se mais digno de confiança."
2. É importante mencionar aqui a oração, em geral usada na atividade de recuperação: "Deus, dai-me serenidade para o que não posso mudar, coragem para mudar o que é possível mudar e sabedoria para discernir entre uma coisa e outra." Ernie Kurtz, historiador da Associação dos Alcoólicos Anônimos (AA), nos diz o seguinte sobre a autoria do que ficou conhecido como "Oração da Serenidade": No que diz respeito à Oração da Serenidade, ela geralmente é atribuída a Reinhold Niebuhr, tanto por seu biógrafo Richard Wrightman Fox como por vários membros dos Alcoólicos Anônimos que a pesquisaram. Ainda tenho dúvidas a respeito: a idéia central pode ser encontrada no estoicismo grego (ainda que não sob a forma de prece), e existe a prova anedótica de que Niebuhr negou essa autoria quando a mesma lhe foi atribuída pela primeira vez (...). A AA adotou a oração depois que um membro da organização a encontrou numa coluna de obituários do, creio eu, velho *New York Herald-Tribune*. Naquela tiragem (um recorte da mesma está nos arquivos da AA), a oração é precedida pela palavra Mãe" (comunicação pessoal, 1995).
3. Citado em Popov (1992).
4. Robert Rosenfeld, da Idea Connection Systems (ICS), partilha comigo essa fórmula. Entretanto, nenhum de nós pode precisar suas origens.
5. Mais recentemente, Iacocca não tem se dado tão bem com a Chrysler (Glassman, 1995), o que mostra, mais uma vez, o futuro imprevisível da espiritualidade em qualquer empresa.
6. Se queremos empresas de alto desempenho, é preciso envolver mais pessoas por meio de equipes auto-administradas, com a certeza de que os administradores ouvem as experiências e os problemas e sabem reconhecer as vitórias de seus empregados (Peters, 1987). Quase metade das dez características mostradas por Nadler e Gerstein (1992) como vitais para a criação de sistemas de trabalho dotados de grande energia, referem-se à delegação de poderes e ao enriquecimento do trabalho, ambas baseadas no respeito e na dignidade. Vários escritores têm argumentado que as pessoas querem mais desafio, empreendimento, responsabilidade e o sentimento de que estão realizando uma missão (Drucker, 1993, 1996).

O envolvimento dos empregados pode assumir várias formas. Uma que existe há mais tempo que o paradigma da nova administração é o *enriquecimento do trabalho*, proposto por Herzberg (1968), no qual o carregamento vertical dos trabalhos (com o acréscimo de um nível superior ao trabalho, por meio de tarefas de administração) permite que os trabalhadores tomem algu-

mas ou mesmo todas as decisões de supervisão. O termo moderno para esse conceito é *delegação* ou *atribuição de poderes*.
7. Leo Montada, do Centro para Pesquisa da Justiça Empírica na Alemanha, tem conduzido vários estudos sobre a justiça e descobriu que, mesmo em culturas diferentes, as pessoas têm um sentimento fundamental de justiça. Nós reagimos quando nos tratam de forma injusta e, quando vemos outras pessoas sofrerem injustiças, ficamos com a consciência pesada. Às vezes, a pessoa que está em vantagem ou detém privilégios acaba por fechar os olhos para as grandes disparidades ou dá grandes quantias de dinheiro para aliviar a própria consciência. Montada disse que a justiça é uma constante antropológica, e que a "motivação pela justiça" está presente em todos os sistemas sociais (comunicação pessoal, abril, 1995).
8. Martin Weitzman, economista do Massachusetts Institute of Technology, desenvolve a idéia do pagamento "flutuante", para refletir o desempenho da empresa, o que criaria uma "economia partilhada" (Kanter, 1990). As vantagens dessa abordagem seriam de que ela não só geraria uma motivação maior, como também ajudaria as organizações a sobreviver durante a queda nos negócios, estimulando as empresas no sentido de contratar mais trabalhadores, posto que os mesmos seriam pagos apenas na proporção do que produzissem. A virtude da justiça estaria atuando tanto para os empregados como para os executivos/proprietários. Muitas outras empresas estão descobrindo os benefícios do pagamento pelo desempenho e utilizando-se de bônus para fazer isso. Dois estudos sobre contratos de trabalho mostram um aumento no uso de bônus, entre 1984 e 1986, de cerca de 6% para 20% dos contratos (Kanter, 1987).
9. Há várias maneiras de fazer isso. Uma delas é planejar e implementar uma estratégia corporativa na qual a preocupação principal seja aumentar continuamente o valor dos clientes, o que inclui o desenvolvimento de várias técnicas nas quais o serviço, a qualidade e a satisfação do cliente produzam, juntas, a valorização real e perceptível do cliente (Band, 1991). Muitos livros e artigos publicados recentemente oferecem detalhes úteis sobre como melhorar a prestação de serviço e a orientação de um negócio.

Capítulo Quatro

1. Alguns anos atrás, eu estava prestando consultoria e fazendo uma pesquisa na área de inovação organizacional e tive a oportunidade de falar com alguns diretores de inovação em toda parte nos Estados Unidos. Um deles falava com remorso, descrevendo como a fixação da empresa com a atuação em equipe prejudicou seu departamento, que tomou parte na pesquisa e no desenvolvimento. Cinco anos antes, a empresa havia decidido dirigir seus departamentos por meio de equipes. Provavelmente, a idéia surgiu por causa de seminários sobre administração e de livros que os administradores tinham lido, como me

disse o diretor. Todos os que não sabiam "trabalhar em equipe" foram demitidos. Vários anos foram necessários para descobrir que os ermitões e outros tipos esquisitos eram os que traziam à baila todas as novas idéias. "E agora somos pobres em termos de inovação", lamentou o diretor. O que a empresa descobriu tarde demais foi que a diversidade de pessoas pode funcionar como um incubador de novas idéias e de abordagens inusitadas, particularmente se o grupo puder aproveitar essas diferenças de uma maneira eficiente.

2. A Ben & Jerry's tem sido acusada de práticas injustas nos negócios por um de seus fornecedores de biscoitos de chocolate. Além disso, havia alguma dúvida quanto à legitimidade de suas castanhas "tropicais". Desde então, eles alteraram o rótulo do produto. Aqui está outro exemplo de como nenhuma empresa, e talvez nenhum sistema humano, pode ser perfeitamente espiritual.

Referências Bibliográficas

Aaron, H. (10 de fevereiro, 1994). "The myth of the heartless businessman." *The Wall Street Journal Europe*, p. 10.
Abbott, E. (1926). *Flatland: A romance of many dimensions* (3ª edição). Nova York: Oxford University Press.
'Abdul'l- Bahá. (1969). *Paris talks*. Londres: Bahá'í Publishing Trust.
Adams, J. D. (org.). (1984a). *Transforming work*. Alexandria, Virginia: Miles River Press.
Adams, J. D. (1984b). "Achieving and maintaining personal peak performance." In: J. D. Adams (org.), *Transforming work* (pp. 139-53). Alexandria, Virginia: Miles River Press.
Alburty, S. (janeiro, 1997). "The ad agency to end all ad agencies." *Fast company*, pp. 116-24.
Alcorão: Uma tradução contemporânea por Ahmed Ali. (1988). Princeton: Princeton University Press.
Argyris, C. (1993). *Knowledge for action: A guide for overcoming barriers to organizational change*. San Francisco: Jossey-Bass.
Argyris, C., e Schön, D. A. (1974). *Theory in practice: Increasing professional effectiveness*. San Francisco: Jossey-Bass.
Autry, J. A. (1991). *Love and profit*. Nova York: Morrow.
Badii, H. (1993). *The true foundation of all economics*. St. Vincent, West Indies: Edição do Autor.
Bahá'u'lláh. (1990). *The Hidden Words*. Wilmette, IL: Bahá'í Publishing Trust. (Trabalho original publicado em 1932.)
Bahá'u'lláh. (1976). *Gleanings from the writings of Bahá'u'lláh*. Wilmette, IL: Bahá'í Publishing Trust.
Bahá'u'lláh. (1978). *Tablets of Bahá'u'lláh*. Haifa, Israel: Bahá'í World Centre.
Band, W. A. (1991). *Creating value for customers: Designing and implementing a total corporate strategy*. Nova York: Wiley.
Bartholomé, F., e Laurent, A. (1986). "The manager: Master and servant of power." *Harvard Business Review*, 64 (6), 77-81.
The Bhagavad-Gita: The Geeta (Shri Purohit Swami, trad.). (1986). Londres: Faber and Faber.

The Bhagavad Gita as it is (Bhaktivedanta Swami Prabhupada, trad.). (1972). Nova York: Macmillan.
The Bhagavad Gita (Juan Mascaró, trad.). (1984). Harmondsworth: Penguin.
The Bhagavad Gita (R. C. Zachner, trad.). (1969). Oxford: Clarendon Press.
Bíblia Sagrada (Versão inglesa revisada). (1989). Oxford: Oxford University Press.
Bird, L. (12 de junho, 1996). "High-tech inventory system coordinates retailer's clothes with customers' taste." The Wall Street Journal, p. B1.
Blanchard, K., e Peale, N. V. (1988). The power of ethical management. Nova York: Morrow.
Blueprints for success. (1º de agosto, 1995). Printing Impressions, p. 32.
Bollier, D. (1996). Aiming higher. Nova York: AMACOM.
Branegan, J. (31 de outubro, 1994). "White knights need not apply." Time, pp. 70-3.
Brokaw, L. (dezembro, 1995). "Like money for chocolate." Hemispheres, pp. 5-38.
Buckles, R. J. (Inverno, 1996). "Profiting from customer-driven quality at Amoco Corporation." National Productivity Review, pp. 63-78.
Bukārī, I. (1976). "Sāhīh al-Bukhārī" (Vol. I, tomo 2, número 12). Chicago: Kazi Publications.
Bull, N. J. (1969). Moral judgment from childhood to adolescence. Nova York: Routledge.
Canfield, J., e Hansen, M. V. (1993). Chicken soup for the soul. Deerfield Beach, FL: Health Communications.
Cantu, C. (1994).Unity in diversity. Relatório anual. ServiceMaster Corporation.
Chappell, T. (1993). The soul of a business. Nova York: Bantam.
Clark, D. (18 de janeiro, 1996). "Novell tries to drag itself from a not-so-perfect merger." The Wall Street Journal Europe, 13 (245), 4.
Collins, J. C., e Porras, J. I. (1994). Built to last. Nova York: HarperCollins.
Confúcio. (1992). Confucius, the Analects (Lun yu). Filadélfia: Coronet Books.
Cookson Group. (5 de setembro, 1996). Cookson 1996 interim financial results and 1995 financial results. Londres: Edição do Autor.
Corão. (J. M. Rodwell, trad.) (2ª edição revisada e aumentada). (1876). Londres: Quaritch.
Corão. (Ahmed Ali, trad.). (1988). Princeton: Princeton University Press.
Covey, S. R. (1989a). The seven habits of highly effective people. Nova York: Simon & Schuster.
Covey, S. R. (dezembro, 1989b). "Moral compassing." Executive Excellence, pp. 7-8.
"Czech privitisation: But Custer lost." (25 de junho, 1994). The Economist, 331 (7869), 66-7.
Dhammapada (Irving Babbitt, trad.). (1965). Nova York: New Direction.
Dhammapada (Juan Mascaró, trad.). (1973). Harmondsworth: Penguin.
Downs, A. (outubro, 1995). "The truth about layoffs." Management Review, pp. 57-61.
Drucker, P. F. (1989). The new realities. Nova York: HarperCollins.
Drucker, P. F. (1993). Managing for the future. Nova York: NAL/Dutton.
Drucker, P. F. (1996). The leader of the future. San Francisco: Jossey-Bass.
Dubashi, J. (outono, 1994). "God is my reference point." Financial World, pp. 36-7.
Emerson, R. W. (1844). Política. In: Essays: Second series.

Evered, R., e Selman, J. (1988). "Managers anonymous." *New Management*, 6(2), 56-61.
Farnham, A. (20 de setembro, 1993). "Mary Kay's lessons in leadership." *Fortune*, pp. 68-77.
Fleet Sheet, 1993.
Flynn, G. (1996). "Hallmark cares." *Personnel Journal*, 75(3), 50-61.
Fozdar, J. K. (1973). *The god of Buddha*. Nova York: Asia Publishing House.
Fraker, A. T., e Spears, L. C. (orgs.). (1996). *Seeker and servant: Reflections on religious leadership*. San Francisco: Jossey-Bass.
Frankl, V. E. (1984). *Man's search for meaning*. Nova York: Simon & Schuster.
Frick, D. M., e Spears, L. C. (orgs.). (1996). *On becoming a servant leader: The private writings of Robert K. Greenleaf*. San Francisco: Jossey-Bass.
Fukuyama, F. (1995). *Trust: The social virtues and the creation of prosperity*. Nova York: Free Press.
Galbraith, J. R., Lawler, E. E. III, e Associados (1993). *Organizing for the future: The new logic for managing complex organizations*. San Francisco: Jossey-Bass.
Glassman, J. (19 de julho, 1995). "Did you buy a new car from this man?" *The Wall Street Journal*, p. A8.
Glatzer, N. H. (org. e trad.). (1969). *The judaic tradition*. Boston: Beacon.
Green, F. B., e Hatch, E. (1990). "Involvement and commitment in the workplace: A new ethic evolving." *Advanced Management Journal*, 55(4), 8-12.
Greenleaf, R. K. (1977). *Servant leadership*. Nova York: Paulist Press.
Greig, R. (1º de junho, 1996). "Pure gold: 1996 National Association of Printers and Lithographers Management Plus Competition Awards." *American Printer*, p. 42.
Hagemann, H. (27 de outubro, 1994). "Promoting profits through part-time work." *The Wall Street Journal Europe*, 12 (190), 10.
Hammer, M., e Champy, J. (1993). *Reengineering the corporation: A manifesto for business revolution*. Nova York: HarperCollins.
Handl, M. (dezembro, 1994). *Vnitrni a vnejsi etika akciove spolecnosti* [A ética dentro e fora da comunidade de negócios]. Apresentação da Conferência de Negócios e Ética, Praga.
Hardaker, M., e Ward, B. K. (1991). "How to make a team work." *Harvard Business Review*, 65 (6), 112-20.
Harley, W. B. (Outono, 1995). "A general purpose consensus problem-solving model." *Team Performance Management*.
Harman, W. W., e Hormann, J. (1990). *Creative work*. Indianapolis: Knowledge Systems.
Havel, V. (1985). *Living in truth*. Londres: Faber and Faber.
Hawley, J. (1993). *Reawakening the spirit in work*. San Francisco: Berrett-Koehler.
Hayek, F. A. (1948). *Individualism and economic order*. Chicago: University of Chicago Press.
Heider, J. (1985). *The Tao of leadership*. Nova York: Bantam. [*O Tao e a Realização Pessoal*, publicado pela Editora Cultrix, São Paulo, 1986.]
Henkoff, R. (29 de junho, 1992). "Piety, profits and productivity." *Fortune*, pp. 84-5.

Herman, S. (1994). "Building company spirit in multidimensional organizations." Dissertação de doutoramento não publicada, University of Massachusetts, Amherst.
Herzberg, F. (1987). "One more time: How do you motivate employees?" *Harvard Business Review*, 65(5), 109-20.
Hewlett-Packard. (1989). *The HP way*. Palo Alto, Califórnia: Edição do Autor.
Hofstede, G. (1991). *Cultures and organizations*. Londres: McGraw-Hill.
Hormann, J. (1994). "Glaube und liebe." Manuscrito inédito.
The I ching or book of changes (3ª ed.). (1967). Tradução de Richard Wilhelm vertida para o inglês por Cary F. Baynes. Princeton, Nova Jersey: Princeton University. [*I Ching – O Livro das Mutações*, publicado pela Editora Pensamento, São Paulo, 1983.]
Jackall, R. (1988). *Moral mazes*. Nova York: Oxford University Press.
Jenkins, H. W. Jr. (11 de dezembro, 1996). "VW and GM should stop complaining". *The Wall Street Journal Europe, 14*(221), 6.
Kanter, R. M. (1987). "The attack on pay." *Harvard Business Review*, 65(2), 60-7.
Katha Upanishad, Taittiriya Upanishad, Mundaka Upanishad (Swami Sharvananda, trad.). (1949-1950). Madras: Sri Ramakrisna.
Kerr, S. (1995). "An academy classic: On the folly of rewarding A, while hoping for B." *Academy of Management Executive*, 9(1), 7-16.
King, N. Jr. (25 de maio, 1994). "Tatra Board to ponder fate of US managers." *The Wall Street Journal Europe*, p. 3.
Knecht, G. B. (8 de setembro, 1994). "How a Texas college mortgaged its future in derivatives failure." *The Wall Street Journal Europe, 12*(169), 1, 7.
Koestenbaum, P. (1991). *Leadership: The inner side of greatness*. San Francisco: Jossey-Bass.
Kouzes, J. M., e Posner, B. Z. (1993). *Credibility: How leaders gain and lose it, why people demand it*. San Francisco: Jossey-Bass.
Lao Tsu. (1989). *Tao te ching*. Nova York: Vintage Books. [*Tao-Te King*, publicado pela Editora Pensamento, São Paulo, 1987.]
Larkin, T. J., e Larkin, S. (maio, 1996). "Reaching and changing frontline employees." *Harvard Business Review*, pp. 95-104.
Lawton, R. (1993). *Creating a customer-centered culture: Leadership in quality innovation*. Milwaukee: Quality Press.
Leavitt, H. J., e Lipman-Blumen, J. (julho-agosto, 1995). "Hot groups." *Harvard Business Review*, pp. 109-16.
Levering, R., e Moskowitz, M. (1993). *The one hundred best companies to work for in America*. Nova York: Doubleday.
Lewis, C. S. (1960, 1988). *The four loves*. Nova York: Harcourt Brace.
Liebig, J. E. (1994). *Merchants of vision*. San Francisco: Berrett-Koehler.
London, J. (1984). *Martin Eden*. Nova York: Viking Books.
Lopez, J. A. (1993). "Undivided attention: How PepsiCo gets work out of people." *The Wall Street Journal Europe, 11*(45), 1, 11.

Lowes, J. (Primavera, 1994). "Long-term plan to benefit TDPartners and customers." *TDNews*, p. 1.
Mack, M. (1992). *L'Emperatif Humain*. Masson, França: Institut de l'Entreprise.
Mahaprajna, Yuvacharya Shri, Shraman Mahavir: *His life and teachings*. (1980). Houston: Scholarly Public.
"Managers differ over basic perceptions of empowerment." (novembro, 1995). *Professional Manager*, p. 18.
Mangelsdorf, M. (1992). "The hottest entrepreneurs in America." *Inc.*, 14(13), 88-103.
McCormick, D. W. (1994). "Spirituality and management." *Journal of Managerial Psychology*, 9(6), 5-8.
Mehr, F. (1991). *The Zoroastrian tradition*. Rockport, Mass.: Element.
Miller, L. (1991). *Managing quality through teams*. Atlanta, Georgia: Miller Consulting Group.
Momen, M. (1990). *Hinduism and the Baha'i Faith*. Oxford: George Ronald Press.
Morgan, K. (1953). *Religion of the Hindus*. Nova York: Ronald Press.
Müeller, F. M. (org.). (1981). *The sacred books of the East* (Vol. 31: Zend-Avesta, Parte III: Yasna, Visparad, Âfrînagân, Gâhs e outros fragmentos) (L. H. Mills, trad.).
Müller, F. M. (org.). (1882). *The sacred books of the East* (Vol. 18: Textos do Pahlavi. Parte II: Dadistan-I-Dinik e as epístolas de Manuskihar) (E. W. West, trad.).
Mumford, E., e Hendricks, R. (1996). "Business process re-engineering RIP." *People Management*, 2(9), 22-9.
Murray, M. (8 de maio, 1995). "Amid record profits, companies continue to lay off employees." *The Wall Street Journal Europe*, 13(67), 1, 5.
Nadler, D. A., e Gerstein, M. S. (1992). "Designing high performance work systems: Organizing people, work, technology, and information." In: D. A. Nadler, M. S. Gerstein, R. B. Shaw, & Associates, *Organizational architecture* (pp. 110-32). San Francisco. Jossey-Bass
Nelson, D. (1994). "Remarks made at the Baha'i Family Reunion conference, Flórida.
"New energy saving system pays off for East Texas Baptist University. (Verão, 1993). *TDNews*, p. 1.
Novotny, A. (1956). *Biblický slovník* [Dicionário Bíblico] (R. Boháček, trad.). Praga: Kalich.
Österberg, R. (1993). *Corporate renaissance*. Mill Valley, Califórnia: Nataraj.
Peck, M. S. (1993). *A world waiting to be born*. Nova York: Bantam Books.
Peters, T. (1987). *Thriving on chaos*. Nova York: Knopf.
Peters, T. (1992). *Liberation management*. Nova York: Knopf.
Peters, T. (3 de junho, 1996). "All you need to know." *Forbes ASAP*, pp. 146, 148.
Pfeffer, J. (fevereiro, 1995). "Producing sustainable competitive advantage through the effective management of people." *Academy of Management Executive*, 9(1), 55-69.
Phillips, S. N. (janeiro, 1996). "Teamtraining puts fizz in Cola plant's future. *Personnel Journal*, pp. 87-92.

Pollard, C. W. (maio, 1994). *Ethics*. Apresentação dada numa reunião da Human Resource Management Association of Chicago.

Popov, L. K., Popov, D., e Kavelin, J. (1993). *The virtues guide*. Soft Spring Island, British Columbia: Virtues Project.

Ray, M. L. (1992). "The emerging new paradigm in business". In: J. Renesch (org.), *New traditions in business*. San Francisco Berrett-Koehler.

Reichheld, F. F. (1996). *The loyalty effect*. Boston: Harvard Business School Press.

Richardson, P., e Denton, D. K. (Verão, 1996). "Communicating change." *Human Resource Management*, 35(2), 203-16.

Richter, S.-G. (7 de junho, 1994). "The benefits of employee ownership." *The Wall Street Journal Europe*, p. 6.

Rosenfeld, R. (1996). *Idea Connection Systems corporate philosophy*. Documento interno. Idea Connection Systems.

Rosenfeld, R., e Winger-Bearskin, M. (1991). "Innovation through groups: The process of consultation." Manuscrito inédito.

Rost, H. T. D. (1986). *The Golden Rule: A universal ethic*. Oxford, England: George Ronald Press.

Rumi, J. (1988). *This longing*. Putney, Vermont: Threshold Books.

Schmidt, W. H., e Finnigan, J. P. (1992). *The race without a finish line*. San Francisco: Jossey-Bass.

Schweitzer, A. (1958). *Peace or atomic war*. Londres: A & C Black.

Scott, M. (1995). "Howard Schultz interview." *Business Ethics*, 9(6), 26-9.

Seldes, G. (1985). *The great thoughts*. Nova York: Ballantine.

Semler, R. (1991). "Managing without managers." *Harvard Business Review*, 67(5), 76-84.

Semler, R. (1993). *Maverick*. Nova York: Warner Books.

Semler, R. (1994). "Why my former employees still work for me." *Harvard Business Review*, 72(1), 64-74.

Senge, P. (1990). *The fifth discipline*. Nova York: Doubleday.

ServiceMaster. (1994). "Annual report to the shareholders for 1993." Downer's Grove, Illinois: ServiceMaster Corporation.

ServiceMaster. (1995). "Annual report to the shareholders for 1994." Downer's Grove, Illinois: ServiceMaster Corporation.

ServiceMaster. (1996). "Annual report to the shareholders for 1995." Downer's Grove, Illinois: ServiceMaster Corporation.

Simmons, R. (12 de dezembro, 1996). "Clunky, comfy Birkies have loyal following." *St. Louis Post-Dispatch*, p. 9.

Skooglund, C. (dezembro, 1994). Discurso dado na conferência de Negócios e Ética de Praga, República Tcheca.

Sloan, A. (15 de janeiro, 1996). "For whom Bell tolls." *Newsweek*, 15, 37.

Sowder, J. (Primavera, 1996). "The 100 percent satisfaction guarantee: Ensuring quality at Hampton Inn." *National Productivity Review*, pp. 53-66.

Sri Guru-Granth Sahib (Vol. I). (Gopal Singh, trad.). (1960). Nova York: Taplinger.

Starcher, G. (abril, 1995). "Ethics and entrepreneurship: An oxymoron?" Documento apresentado na conferência da European Social Venture Network, Toscana, Itália.
Strohecker, B. (agosto, 1996). "A business built on trust." *Guideposts*, pp. 6-9.
Sunnah. (1975). Chicago: Kazi Publications.
Sunoo, B. P. (1994). "Birkenstock braces to fight the competition." *Personnel Journal*, 73(7), 68-75.
Talmud of Babylonia: An American translation. (A. J. Avery-Peck, trad.). (1995). Atlanta: Scholars Press.
Tart, C. T. (1985). "Subtle energies, healing energies." *Interfaces: Linguistics, Psychology and Health Therapeutics*, 12(1), 3-10.
"Tatra: A Detroit Rescue." (22 de maio, 1993). *The Economist*, p. 74.
TDIndustries. (1994). *Mission statement*. Dallas: Edição do Autor.
Telschow, R. (janeiro, 1993). "Quality begins at home." *Nation's Business*, p. 6.
Thompson, J. W. (1992). "Corporate leadership in the twenty-first century." In: J. Renesch (org.), *New traditions in business*. San Francisco: Berrett-Koehler.
Tibetan Dhammapada: Sayings of the Buddha (Traduzido por G. Sparman, a partir da versão tibetana de Udanavarga). (1986). Londres: Wisdom Publications.
Tichy, N. M., e Sherman, S. (1993). *Control your destiny or someone else will*. Nova York: Doubleday.
"Tom's of Maine." (1995). *Annual Report, 1995*.
Tulin, D. P. (22 de fevereiro, 1994). "Letter to the editor." *The Wall Street Journal Europe*, p. 9.
Tully, S. (29 de julho, 1991). "Who's who in the East." *Fortune*, pp. 155-60.
Vaill, P. (1989). *Managing as a performing art: New ideas for a world of chaotic change*. San Francisco: Jossey-Bass.
Vogl, A. J. (julho/agosto, 1993). "Risky work." *Across the Board*, pp. 27-31.
Walton, S. (1992). *Made in America*. Nova York: Doubleday.
Waterman, R. H. Jr. (1994). *What America does right*. Nova York: Norton.
Watkins, K. E., e Marsick, V. J. (1993). *Sculpting the learning organization: Lessons in the art and science of systematic change*. San Francisco: Jossey-Bass.
Watson, T. J. Jr. (1990). *Father, son and co.: My life at IBM and beyond*. Nova York: Doubleday.
Wheeler, M. L. (novembro, 1995). *Diversity: Business rationale and strategies*. Nova York: The Conference Board.
Wheeler, M. L. (9 de dezembro, 1996). "Diversity: making the business case. *Business Week*, pp. 89-131.
Whitley, E. (dezembro, 1994). "Company whose results spell success. *Reader's Digest: British Edition*, pp. 124-29.
Williams, M. (25 de outubro, 1994). "Some plants tear out long assembly lines, switch to craft work." *The Wall Street Journal Europe*, 12 (188), 1, 8.
Yoder, S. K. (8 de setembro, 1994). "How H-P used tactics of the japanese to beat them at their game." *The Wall Street Journal Europe*, 12(155), 1, 7.

Young, D. (5 de julho, 1994). "We'll do your dirty work." *Chicago Tribune*, p. 1 da Seção de Negócios.

Zachary, G. P. (1994). "Levi tries to make sure contract plants in Asia treat workers well." *The Wall Street Journal Europe*, *12*(127), 1.

A Autora

DOROTHY MARCIC voltou recentemente aos Estados Unidos, depois de viver quatro anos em Praga, onde esteve como bolsista da Fulbright, ocupando a cadeira de Master of Business Administration e treinando administradores na Universidade de Economia de Praga e no Centro de Administração da Tchecoslováquia. Marcic é a atual presidente da DM Systems, Ltd., tendo prestado consultoria para a AT & T Labs, para o Departamento de Estado Norte-Americano, para a Eurotel, para o Ministério das Finanças da Tchecoslováquia e para muitas outras organizações.

Outra especialidade de Marcic é o trabalho com grupos e organizações multiculturais. Durante os cinco anos de consultoria para a Bell Labs, ela desenvolveu um programa de treinamento chamado Administração da Diversidade. Ela também liderou análises organizacionais e projetos de intervenção com o Cattaraugus Center, com duas instituições artísticas de Twin Cities e com uma tribo indígena do Salt River-Pima, no Arizona.

Marcic trabalhou por dois anos no corpo docente da Universidade Autônoma de Guadalajara, no México, e depois supervisionou uma escola de verão na Guatemala. Além disso, trabalhou como conselheira do Embaixador Norte-Americano na República Tcheca e como delegada no United Nations Economic and Social Develop Summit, em Copenhague, onde dirigiu três seminários sobre administração ética no Non-Governmental Organization (NGO) Forum. Marcic é autora de *Women and Men in Organizations* (1984), *Management International* (1994) e *Organizational Behavior* (1995).

Marcic mora em Nashville, Tennessee.
Seu *Website* é o seguinte: http://www.marcic.com.

GERENCIAMENTO ECOLÓGICO
(*ECOMANAGEMENT*)
Guia do Instituto Elmwood de Auditoria Ecológica e Negócios Sustentáveis

Ernest Callenbach, Fritjof Capra, Lenore Goldman, Rüdiger Lutz e *Sandra Marburg*

Um guia para empresas ecologicamente responsáveis, elaborado por um dos principais centros mundiais de pensadores ecológicos, o Elmwood Institute

Um plano de ação bem-delineado para tornar a empresa ecologicamente mais correta

Os empresários precisam de assistência para reduzir o impacto de suas empresas sobre o ambiente. *Gerenciamento Ecológico* mostra o que se pode fazer e como fazer para conduzir uma eco-auditoria abrangente. Ele mostra como fazer uma revisão meticulosa das operações de uma empresa, da perspectiva da ecologia profunda, diferente do ambientalismo superficial.

Com muita freqüência, as empresas tentam apenas atender aos requisitos legais mínimos, negligenciando a necessidade de avaliar todos os fluxos de entrada e saída – todo o "metabolismo" de suas operações. Tampouco entendem as complexas relações entre suas empresas e as comunidades, humanas e naturais, onde estão inseridas.

Este livro dá orientações conceituais para a análise abrangente dos impactos de uma empresa, além de ser uma ferramenta prática, com grande número de listas de verificação e planos de ação para ajudar a equipe gerencial a identificar as ações necessárias, determinar prioridades, implementar melhorias e vender o programa de redução de impacto à cúpula da empresa.

"Uma reconsideração fundamental da maneira como fazemos negócios e do modo como interagimos com o meio ambiente. Recomendo-o a todos os que estejam interessados numa administração ecologicamente correta."
Paul Hawken, autor de *Growing a Business*

EDITORA CULTRIX

NOVAS TRADIÇÕES NOS NEGÓCIOS
Valores Nobres e Liderança no Século XXI

John Renesch (org.)

Uma transformação fundamental — que muitos estão chamando de "mudança de paradigma"— está se processando no mundo empresarial, revolucionando o sentido de "trabalho". Essa transformação vai além da tradicional demanda de lucros e de produtividade, incluindo questões como a obtenção de maior coerência entre nossos valores mais profundos e a atividade profissional, a promoção da afetividade no ambiente de trabalho, a capacitação das pessoas para que libertem totalmente sua visão e criatividade e o reconhecimento da responsabilidade do mundo empresarial em tornar-se uma força positiva para a mudança mundial.

* * *

Este livro reúne os ensaios mais importantes de quinze dentre os pioneiros do novo paradigma nos negócios. Trata-se do primeiro trabalho a reunir num só volume suas idéias visionárias, tais como:

- As origens e os indícios da transformação no mundo dos negócios.
- A importância da visão e dos valores espirituais para os negócios.
- As novas habilidades de liderança exigidas para construir organizações de aprendizagem (*learning organizations*).
- As características de uma empresa saudável.
- Os métodos para desenvolver ambientes que facilitem a capacitação das pessoas.
- Tudo o que é necessário para dar início ao processo de transformação em você, na sua empresa e na sua comunidade.

Este livro é dedicado aos homens e às mulheres de negócios que têm a visão de um mundo melhor e a coragem de provocar mudanças positivas, ajudando a estabelecer novos parâmetros que capacitem as empresas a prosperar, sem esquecer sua responsabilidade perante toda a humanidade.

CULTRIX / AMANA

A SABEDORIA NECESSÁRIA
Como Enfrentar o Desafio de uma Nova Maturidade Cultural

Charles M. Johnston, M.D.

A Sabedoria Necessária é um manual para nos ajudar a controlar o futuro. Os profundos desafios que caracterizam a nossa época — as mudanças nos relacionamentos e na família, o mundo transformado numa aldeia global, a agressão ao meio ambiente — requerem não apenas políticas novas, mas também novos tipos de compreensão.

A Sabedoria Necessária é um convite feito por um dos nossos mais conceituados pensadores de vanguarda para que exploremos a nova criatividade e a maturidade que os desafios do futuro exigirão cada vez mais de nós.

Charles M. Johnston, doutor em Medicina, é psiquiatra, artista e futurólogo. É diretor do *Institute for Creative Development*, um centro de estudos e de treinamento em Seattle, Washington, e autor de diversos trabalhos sobre crescimento humano e evolução planetária.

* * *

"Charles M. Johnston escreveu um livro tão brilhante quanto uma jóia preciosa. Uma obra clara e atraente, *A Sabedoria Necessária* mudará a vida de todos os que a lerem."
Larry Dossey, autor de Reencontro com
a Alma, publicado pela Editora Cultrix

"Um livro dos mais importantes. *A Sabedoria Necessária* desafia cada um de nós a examinar seu papel no futuro do planeta. Merece toda a nossa atenção."
Thomas Engel, Catedrático do Departamento
de Química da Universidade de Washington

EDITORA CULTRIX

O EMPRESÁRIO CRIATIVO

Peter Russell e Roger Evans

O ritmo de mudanças sem precedentes que veremos nos anos 90 exige que usemos nossos recursos criativos como nunca antes. *O Empresário Criativo* é uma obra única no que se refere a uma abordagem prática para estimular o pensamento criativo e a solução de problemas, demonstrando o que realmente significa ser criativo diante dos novos e complexos desafios que o mundo empresarial hoje enfrenta.

Baseado numa ampla experiência de consultoria e de treinamento em grandes corporações do mundo inteiro, este livro é um guia indispensável para os empresários e administradores em geral. Contudo, pelo fato de lidar com princípios que são comuns a cada um de nós, torna-se um livro relevante para todas as pessoas.

"Empresários de sucesso serão aqueles com a capacidade de aprender e, também, de usar o pensamento criativo para encarar e solucionar problemas. Achei não só fascinante, como também útil a descrição desse processo em *O Empresário Criativo*."

Sir John Harvey Jones, MBE

"Este é um livro definitivo, e tenho a séria impressão de que as idéias incorporadas aqui serão a influência predominante nos próximos anos. Compartilho inteiramente de suas idéias."

Anita Roddick, *The Body Shop International Plc.*

"Um livro sensacional sobre o desenvolvimento do potencial humano. A verdadeira revolução na era da informação é a habilidade de usar a nossa mente de um modo diversificado. *O Empresário Criativo* será o seu guia."

John Sculley, CEO Apple Computers Inc.

"Eis um livro extraordinário, útil e inspirador, cheio de fé no potencial humano."

Prof. Charles Handy, Visiting Professor
London Business School

EDITORA CULTRIX

EXCELÊNCIA INTERIOR
– Um Livro Pioneiro que Estabelece a Ligação entre a Ética nos Negócios e a Espiritualidade

Carol Orsborn

Excelência Interior mostra a você como os princípios de uma nova conexão entre a espiritualidade e os negócios irão revitalizar carreiras e empresas. Neste livro, Carol Orsborn demonstra como é possível transcender estratégias de gerenciamento e negócios motivadas pelo medo e aponta na direção de novos métodos e fontes de inspiração e criatividade a serem aplicados diretamente no ambiente de trabalho.

A autora formula seu trabalho em torno de sete princípios básicos que se constituem numa porta de acesso a perspectivas filosóficas profundas. Consciente ou inconscientemente, esses princípios modelam o relacionamento humano com a ambição e o sucesso.

Baseando-se em experiências diretas com mais de seiscentas empresas num espectro bastante amplo de indústrias, Carol Orsborn combina sabedoria e vivência prática para criar uma nova geração de valores organizacionais.

Este é um livro que poderá trazer-lhe grandes surpresas.

"Carol Orsborn descreve com destreza 'o caminho' para homens e mulheres de negócios. Estou ansioso para dar este livro a todas as pessoas com quem trabalho."

Ronald H. Colnett
Presidente da Saatchi & Saatchi DFS/Pacific Advertising, Inc.

"*Excelência Interior* é um livro gostoso e fácil de ler, repleto de sugestões práticas para integrar o espírito humano e o sucesso, o que leva a uma vida realizada. Viva! Este é o livro do momento."

Ruth Ross
Autora de *Prospering Woman*

"Os Orsborns — proprietários de uma empresa de comunicações com base em San Francisco — reduziram a semana de trabalho e a produtividade aumentou."

Fortune Magazine

CULTRIX/PENSAMENTO